ちくま新書

人事の古代史

た古代日本

十川陽一
Sogawa Yoichi

1497

人事の古代史——律令官人制からみた古代日本【目次】

プロローグ

†律令制の記憶

最近ではテレビ時代劇の放送も少なくなったが、『水戸黄門』の名前を聞いたことがない、という人はそういないだろう。江戸前期の水戸藩主、徳川光圀をモチーフにしたフィクションで、光圀が諸国漫遊のさなか遭遇する悪人を懲らしめてゆく痛快時代劇である。では突然だが、この光圀の別名である「黄門」とは何だろうか。

答えは、中納言《ちゅうなごん》という古代日本の官職を、中国風に言い換えた名称（唐名《とうみょう》）である。中納言とは、古代の国政を掌る太政官《だいじょうかん》の一角をなす要職で、光圀はこれ（厳密には員外官の権中納言《ごんのちゅうなごん》）に任ぜられていたことから、「黄門」と呼ばれる。水戸光圀のような江戸時代の人物も、古代の官職を保有していたのである。

同様の例を挙げれば、忠臣蔵でよく知られた、浅野〝内匠頭《たくみのかみ》〟、吉良〝上野介《こうずけのすけ》〟、大石

〝内蔵助《くらのすけ》〟などがある。内匠頭は内匠寮《りよう》の頭すなわち長官、上野介は上野国の介すなわち次官、内蔵助は内蔵寮の助すなわち次官、と、いずれも古代の官職名である。こうした中には、朝廷から任命された訳ではなく通り名として自称していただけ、というものもあるが、いずれにしても古代の官職名が江戸時代にも残っていることに変わりはない。古代国家という存在は、それだけ日本の歴史に大きな影響を及ぼしたものであったといえる。

†古代日本の国家

日本の古代国家は、律令を基本法典とする、律令国家として成立する。律令国家とは、天皇を頂点とする中央集権国家である。全国に国郡里（のちに郷里制を経て国郡郷制となる）の行政区分を布き、東北地方から九州まで日本列島の広範囲を支配し、日本列島の枠組を築いた国家である。律令国家は、全国的な戸籍を作成して民衆を把握し、国家的な土地管理に基づいて民衆に田を班給し、その収穫の一部を田租《でんそ》として徴収した。また、戸籍は六年に一度しか作成されないので、計帳《けいちょう》という別の台帳を毎年作成して、それを基準に調《ちょう》や庸《よう》といった税、労働力、兵役などを徴発していた。こうした戸籍や計帳の作成はもちろん、それによって個々に把握した人々から定められた額の税や力役を徴収するには、膨大な作業が必要となることは想像に難くないだろう。律令国家はこうした支配を実行する組織を、中央はもとより地方末端までも展開させる必要があった。その担い手が本書の主題、官人《かんじん》である。

†律令制と官人

次に、国家が基本法典とする律令についてみてみよう。一口に律令といっても法体系を構成する要素や定義は多様だが、古代の日本およびその手本となった中国の隋唐期でいえば、律《りつ》（刑罰法規）、令《りょう》（行政法規）、格《きゃく》（律令と現実との乖離を埋めるための補充・改正法）、式《しき》（律令の施行細則）、礼《れい》（社会規範・秩序）の五つの要素によって構成されるのが基本的な要件である。

六世紀末以降、日本は徐々に中国の制度を取り入れつつ国家整備を進め、大宝元年（七〇一）に大宝令、翌二年に大宝律を施行したことで、律令国家の体裁を整えた。ただし、律は運用に高度な法典理解が必要であったことから、本格的運用は平安時代まで遅れることが明らかにされている。また奈良時代には、格は単発の法令として、式は例として、各官司（役所）に蓄積されるのみで、基本的に法典として編纂されることはなかった。礼も、儒教思想に基づく中国的な思想を咀嚼し、日本に合わせた形で法に取り込んでゆくのは主に平安時代以降のことである。つまり奈良時代の国家的な編纂法典は、実質的には令が中心である。とはいえ、内容の大部分が現在に伝わる養老令を例にみても、令だけで一〇〇〇近くの条文数からなる大部な法典である。その内容も、官人の身分や職掌に関わるようなものから、民衆支配、医療制度、刑事訴訟法的なものまで多岐にわたっている（図表1）。国家の運営を担う官人たちはこの令を基本としながら、随時お上から下され、蓄積されてゆく格や式にも則りながら業務をこなさなくてはならなかった。

律令制における君主は天皇であり、究極的には律令国家のすべての権限は天皇に集約される原則であった。ただし当然ながら、天皇一人で日本列島の広範囲にわたる支配は実行できない。そのため、統治システムとして律令制を施行し、そのシステムを動かすために官司機構を設置した。そこに配置される官僚が、官人である。この、律令制における天皇と官人について、律令には「非常の断、人主《じんしゅ》これを専らにす」（名例律《みょうれいりつ》18除名《じょみょう》条疏議《そぎ》）と、律令に規定のない判断を下すことができるのは君主である天皇のみである、という文言がある。また官人の服務のありかたとして、「凡《およ》そ諸司、事を断ずるには、悉《ことごと》く律令の正文に依れ」（獄令《ごくりょう》41諸司断事条）、すなわち官人たちの職務は、律令の規定通りに遂行しなければならない、という規定もある。

現代でも〝お役所仕事〟のような、公務員を揶揄する言葉がある。利用者の都合としては、もっと融通を……と思うこともないではないが、役人が現場で好き勝手な判断を重ねてゆけば、国家の制度も秩序もなくなってしまう。それゆえ古今東西問わず、官僚あるい

編目	内容
官位	官位相当の一覧
職員	官司の名称・定員・職掌
後宮職員	キサキや、後宮の職員・その職掌
東宮職員	皇太子に付属する諸機関の職員・職掌
家令職員	親王・貴族の家政機関の職員・職掌
神祇	公的な神祇祭祀の大綱
僧尼	僧尼統制
戸	戸籍・家・良賤身分など
田	田に関する諸規定
賦役	賦税の基準や徴発
学	官人養成に関わる学制
選叙	位階・官職の授与
継嗣	皇族身分、継嗣
考課	官人の勤務評定・登用試験
禄	官人の給与
宮衛	王宮の警備、門の開閉など
軍防	軍事関係
儀制	儀礼・礼制
衣服	皇族・官人の礼服・朝服・制服
営繕	造営・手工業
公式	諸々の行政手続
倉庫	官の諸倉庫
厩牧	厩舎・牧場や馬牛
医疾	医療関係の諸規定
仮寧	官人の休暇について
喪葬	天皇以下、主に官人身分の喪葬など
関市	関と市、交易
捕亡	犯罪者の追捕など
獄	裁判・科刑の手続
雑	上記諸編目に収まらない諸規定

図表1　養老令の構成
（出口ほか編著『概説日本法制史』弘文堂、2018年を改変）

は役人と呼ばれる人々の仕事はマニュアルに服することを前提としている。日本古代においても、官人やそれに準ずる役所勤めの人々の数は一万五〇〇〇人以上、他に学生《がくしょう》や女官《にょかん》も八〇〇人以上が存在していた。彼らが天皇の手足となって支配機構を運営するためには、律令というマニュアルが不可欠であった。

このように見てくると、官人たちの世界とはいかにも堅苦しく、取っ付きにくそうである。しかし古代国家が支配を実施してゆくうえで、官人は不可欠の存在である。また古代の官職名が江戸時代にも残ってゆくことなど、律令制が日本の歴史に大きな影響を与えたことも事実である。そして何より、官人は〝人〟である。歴史は人の営みの積み重ねであるから、官人の世界から目を背けることはできないだろう。

こうした律令官人たちについて、人事制度からとらえてみよう、というのが本書の目的である。働く人々が、役職や能力によって序列化され・実績や能力を評価され・報酬が与えられるという原則は、現代社会も古代国家も変わらない。古代の官人は、どのように国家との関係をもっていたのだろうか。

令を中心とした法典は、断片的な情報の多い古代史の中で、制度のおおよその全貌を伝えてくれる貴重な史料ともなっている。法制史料を軸として、正史である六国史、さらには古文書や木簡といった一次史料をも組み合わせることで、古代の官人たちをめぐる社会を知るための道を拓くことができる。本書では主に中央官制を中心として、官人たちに関わる諸制度や社会の動きを概観しながら、日本の古代国家について考えてゆきたいと思う。

†本書の概要

本論は四章だてとなっている。大まかに、第一章から第三章では官人制の構造を奈良時代までの歴史とともに、第四章では平安時代における展開を、それぞれ検討する。

第一章ではまず、奈良時代を中心とした律令国家の支配機構のしくみを概観する。そして律令国家成立以前からの流れを踏まえつつ、日本列島における律令国家成立の意味についても検討を加える。これらを踏まえて、奈良時代前半の政治過程にも目配りしながら、具体的な官人統制のシステムとその性格について考えてゆきたい。

第二章では、散位《さんに》という存在に注目して、下級官人の世界に目を向ける。散位とは位だけ持っていて官職に就いていない者のことである。彼らはどのように生活の資を得ていたのか、国家はどのように彼らを管理していたのか。また、有力な皇族・貴族と下級官人の繋がりはどうだったのか。これらの問題を通じて官人という存在について考えてみたい。

第三章でも、引き続き散位に着目して、官人の存在について考えてゆく。国家はなぜ官職にない者まで統制下に組み込もうとするのか、官人たちはなぜ官職に就けない中でも官人であり続けようとしたのか、奈良時代後半の政治動向も踏まえつつ検討することで、官人制への理解を深めてゆきたいと思う。

第四章では、平安時代における官人制の変質と展開について検討する。都が平安京に遷ったことによる官人社会の変化、そして行政システムと官人制の変化を通じ、時代の変化と国家の変容を概観する。また、その一方で官人制が維持されてゆく側面にも注意しながら、日本の歴史において律令官人制が定着してゆく過程を展望してゆきたい。

なお、時代の流れに特化して述べている項目には、見出しに「政治動向」という言葉を入れてある。全体としては厳密に時代順に論じるわけではないが、なるべく時代の流れを見失なわないように、官人制の構造や変化をたどってゆきたいと思う。

それでは、律令官人たちの世界へと続く扉を開いてみよう。

第一章

国家と人事のしくみ

1　支配機構と支配者層

†太政官――律令国家の中枢

大宝元年（七〇一）、大宝律令の制定により、日本の古代国家は律令国家としての形態を整えた。元日には、文武天皇が大規模な朝賀《ちょうが》の儀を行っており、正史である『続日本紀』は「文物の儀、是《ここ》に備われり」とその様子を誇らしげに書き記している（大宝元年正月乙亥朔条）。三月には太政官《だいじょうかん》を中心とした人事異動も実施され、左大臣の多治比島《たじひのしま》を中心とした行政の体制が整えられた。まさに、新たな国家の船出となった年であった。

人事についていては後ほど検討するとして、まずは行政のしくみからみてゆこう。

律令国家は、いわゆる二官八省を中心とした文官組織と、一台五衛府を基本とする武官組織によって国家機構を形成した（巻末、中央官制図参照）。このうち、律令国家の運営の中枢となるのが太政官である。太政官には、中務《なかつかさ》・式部《しきぶ》・治部《じぶ》・民部《みんぶ》・兵部《ひょうぶ》・刑部《ぎょうぶ》・大《おお》蔵《くら》・宮内《くない》の、国家行政の実務を担う八つの省が属し、さらにそれらの下には各省に関わる

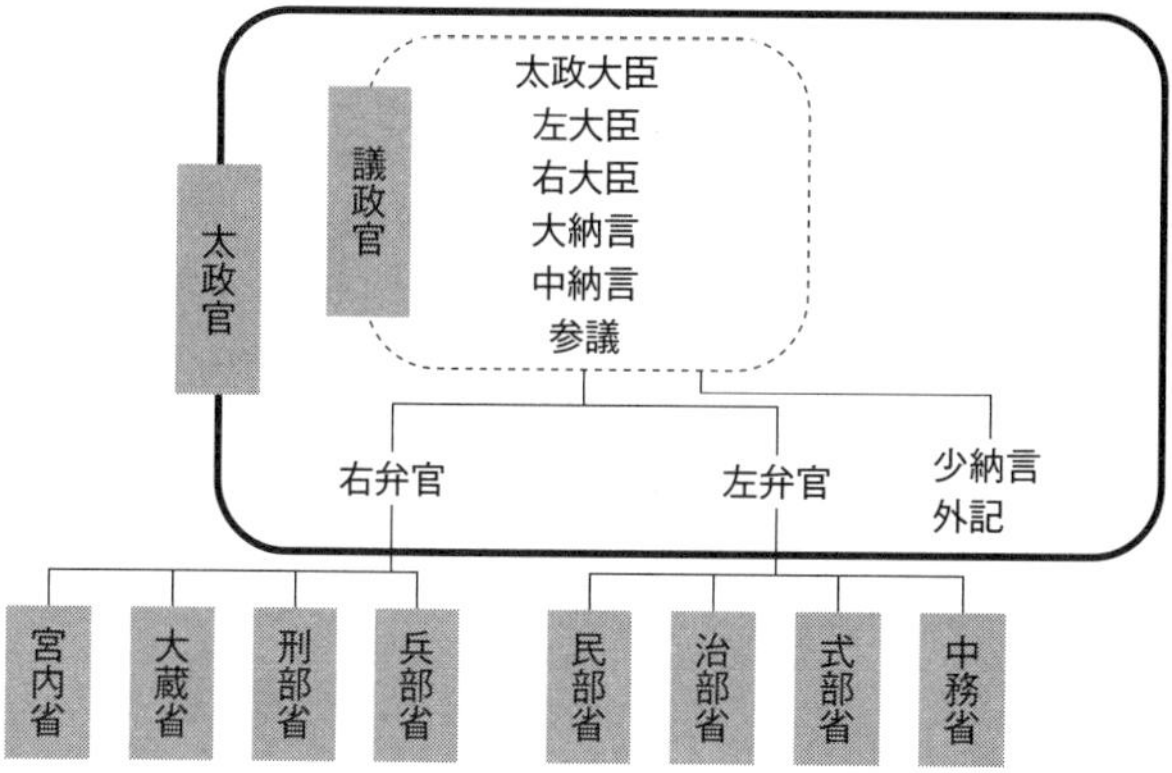

図表２　太政官機構図

諸業務を分担する被官官司が配されていた。たとえば文官人事を掌る式部省には、官人養成を担う大学寮《だいがくりょう》と、ポストにない官人を管理する散位寮《さんにりょう》がある。こうした職《しき》や寮や司《し》と呼ばれるクラスの官司が、少ないところでは二つ、最も多い宮内省《くないしょう》では一八も配置されており、これらが国家の諸業務を分担していた。中央官司としてはこれらのほか、国家の祭祀を担う神祇官や、一台五衛府（弾正《だんじょう》台《だい》・衛門府《えもんふ》・左右衛士府《さゆうえじふ》・左右兵衛府《さゆうひょうえふ》）の武官組織が設置されたが、それらを統括する国政の中枢が、太政官であった。

その太政官は、国政を担う議政官《ぎせいかん》と、その下での事務を担う少納言局《しょうなごんきょく》（外記《げき》局）と弁官《べんかん》局からなる組織である（図表２）。少し硬い話になるが、まずはこれらについて確認しておきたい。

議政官は、実質的に国政に与る存在である。あえて現代に置き換えるとすれば、内閣と国会を合わせたようなものであると言えば感覚的に近いだろうか。首班には太政大臣、その下に左右大臣が一人ずつ、大納言が四名置かれた。なお太政大臣は、天皇の師範たり得る人物が任命されるもので、ふさわしい人材がいなければ空席にしておくポスト（則闕《そっけつ》官《かん》）であった。太政大臣が空席であれば左大臣、もし左大臣も空席ならば右大臣が事実上の首班となる。その大臣を中心として、大納言も含めた形で国政が決定されてゆく。これが令制本来の議政官の陣容である。

なお、議政官の人員はこののち徐々に膨張してゆく。大納言の下にはもともと中納言が設置されていたが、大宝令の施行に合わせて一度廃止されていた。それが、慶雲二年（七〇五）には大納言の定員を二名に削減して、代わりに三名の中納言を置くという形で復活した。また大宝二年には五名の官人を朝政に参議させるとの命が下り、これが奈良時代半ばには参議という正規のポストとなって廟堂を構成することとなった。また大臣の陣容も、八世紀後半に二度ほど事例のあった内大臣《ないだいじん》が、一〇世紀後半になると四番目の大臣として定着してゆく。

続いて事務部門に目を移そう。

少納言局には、少納言と外記が配置されている。少納言が担当したのは、太政官印の捺印、天皇御璽や駅鈴《えきれい》（諸国に設置された駅路《えきろ》を使者が移動する際に、駅家《うまや》の施設や馬を利用するために必要となる鈴）などの授受である。太政官印は、太政官の命令を太政官符《だいじょうかんぷ》といった公文書の形で下す際に捺される印であり、太政官の命令を全国に伝達する上で必要不可欠な存在である。また天皇御璽は、天皇の命令である詔勅を発給する際に捺されるものである。君主とはいえ、その意思が国家的なものとなるためには、官僚機構を介して、公文書の体裁で発言を公布する必要がある。少納言とは、まさにそうした国家の意思発動に関わる重要な事務官であった。この少納言の下に配置されている外記は、詔勅の作成（太政官が記す部分の起草）、論奏《ろんそう》・奏事《そうじ》の作成を担当した。詔勅すなわち天皇からの命令を公文書化する役割を担い、なおかつ論奏・奏事という太政官から天皇への奏上事項を取りまとめる、天皇と臣下の間をつなぐ役割といえる。

弁官局は、弁（大弁・中弁・少弁の三つの職階で構成される）と史によって構成され、諸司・諸国からの上申事項を議政官へ取り次ぎ、また議政官の命令を諸司諸国へと下達する職掌を担う。単純化すると、諸司・諸国から上がってきた案件は弁官を通じて議政官に伝達され、そこで決済されればふたたび弁官を通じて諸司・諸国へと戻される。議政官で処理できない重大な案件は、天皇への奏上を経て裁可を仰ぎ、最終的には弁官を通じて諸司・諸国へと戻される。太政官における基本的な窓口部門であり、事務の要である。左右二つの部局に分かれて事務を分担しており、八省でいえば左弁官《さ》が中務・式部・治部・民部、右弁官《う》が兵部・刑部・大蔵・宮内の各省を、それぞれ管掌する原則であった。

このように、国家の中枢はなかなかに複雑な構造を取っていた。これはひとえに、命令や情報の伝達に多くの官司機構や官僚が関わることで、公正な行政の運営を行うことが目的であったと考えられる。日夜発生する様々な案件について、専門の部署が問題点を整理し、それを中央の政治家が判断するというのは極めて合理的である。また君主の意思の発動についても、君主が一部の人間にだけ意思を伝えて国家を動かせば、権臣の専制化や君主の傀儡化など、恣意的な政治につながり腐敗をもたらすことは、古今東西よくあることである。律令制は中国で長い歴史を経て形成された統治システムであり、官僚機構によって合理的な運営が行われるような工夫が凝らされていた。

†都城と朝政

太政官や八省などが一堂に会して政務を行うのが、律令制本来の在り方であった。その様子について、平安京を例に見てみよう。

平安京は、東西約四・五キロ、南北約五・三キロの規模を持つ都城《とじょう》である（図表3）。都城とは中国風の計画都市で、全体に碁盤の目状の町割り（条坊制《じょうぼうせい》）が敷かれ、その中に官人や都市民が集住した。さらに京の北側中央には、大内裏《だいだいり》と呼ばれる区域があり、官司の建物である官衙が立ち並ぶ。大内裏の中には天皇の居住空間である内裏が鎮座していた。

また、大内裏の中には朝堂院《ちょうどういん》という空間がある。元日朝賀や即位式など、国家的儀礼に用いられる空間である。特にその北側中央部には、朝堂院の正殿にあたる大極殿《だいごくでん》がそびえる。大極殿は天皇の出御する建物であり、律令国家の象徴的な存在であった。この朝堂院には、朝堂という建物が並んでいるが、本来はここに官人が集結して日常の政務を行う原則であった。これを朝政《ちょうせい》という。官人たちは早朝に朝堂院に集まり、図表4のような形で各堂舎の座（朝座《ちょうざ》）に着き、書類の作成・処理を行った。まず、各官司で作成された書類や諸国から上がってきた書類は弁官に送られた。弁官はそれらのうち政治的判断が必要なものを議政官のもとに持参して、決裁を仰ぐことになる。天皇は、大極殿に出御して官人の執務の様子を見て、必要に応じて最終判断を下すこともあった。つまり朝政とは、各官司の案件を弁官が事務処理し、必要なものは議政官、さらに必要なものは天皇へという、

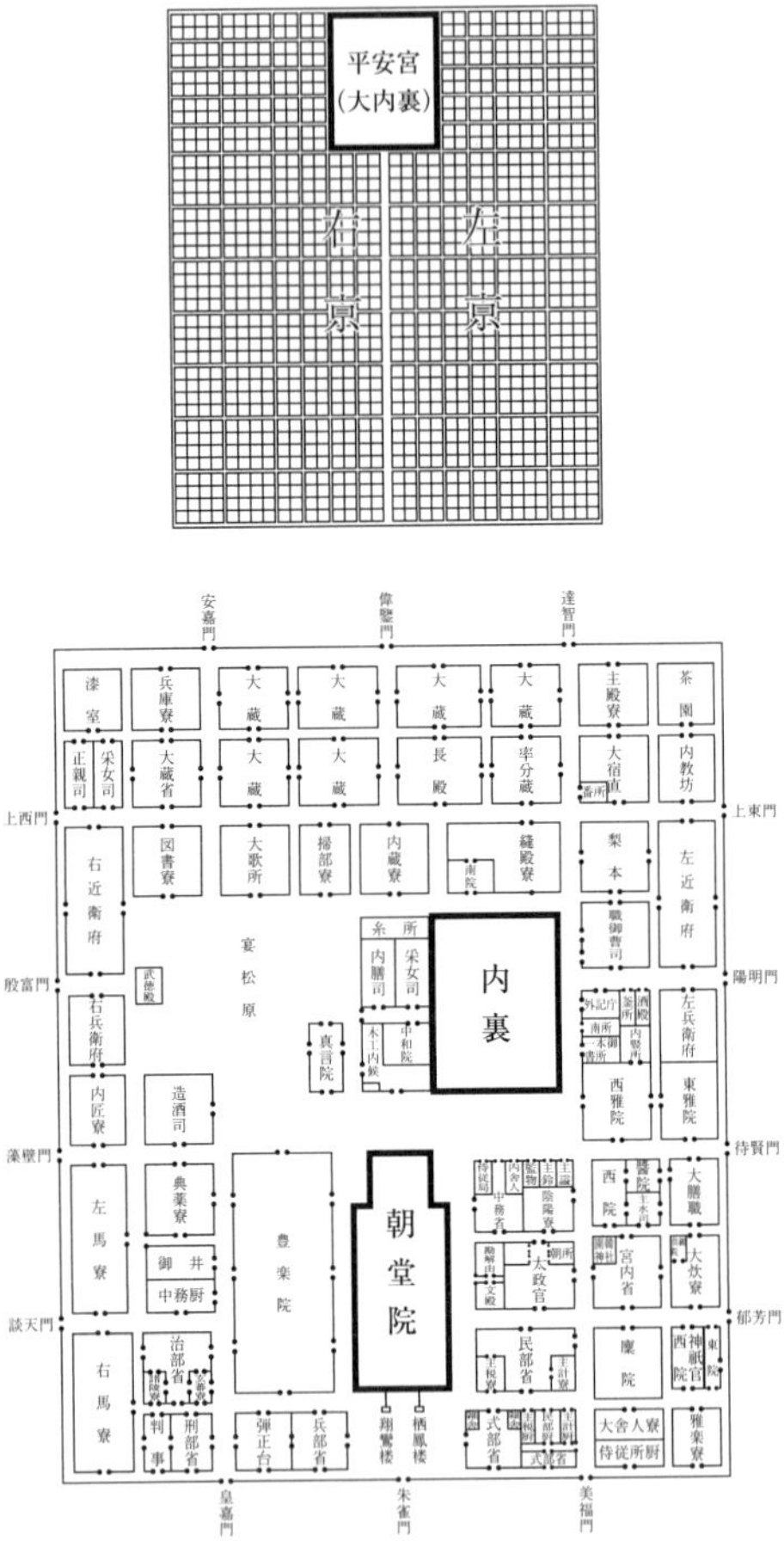

図表3　平安京全体図（上）、平安宮大内裏図（下）
（古代学協会・古代学研究所編『平安京提要』角川書店、1994年を改変）

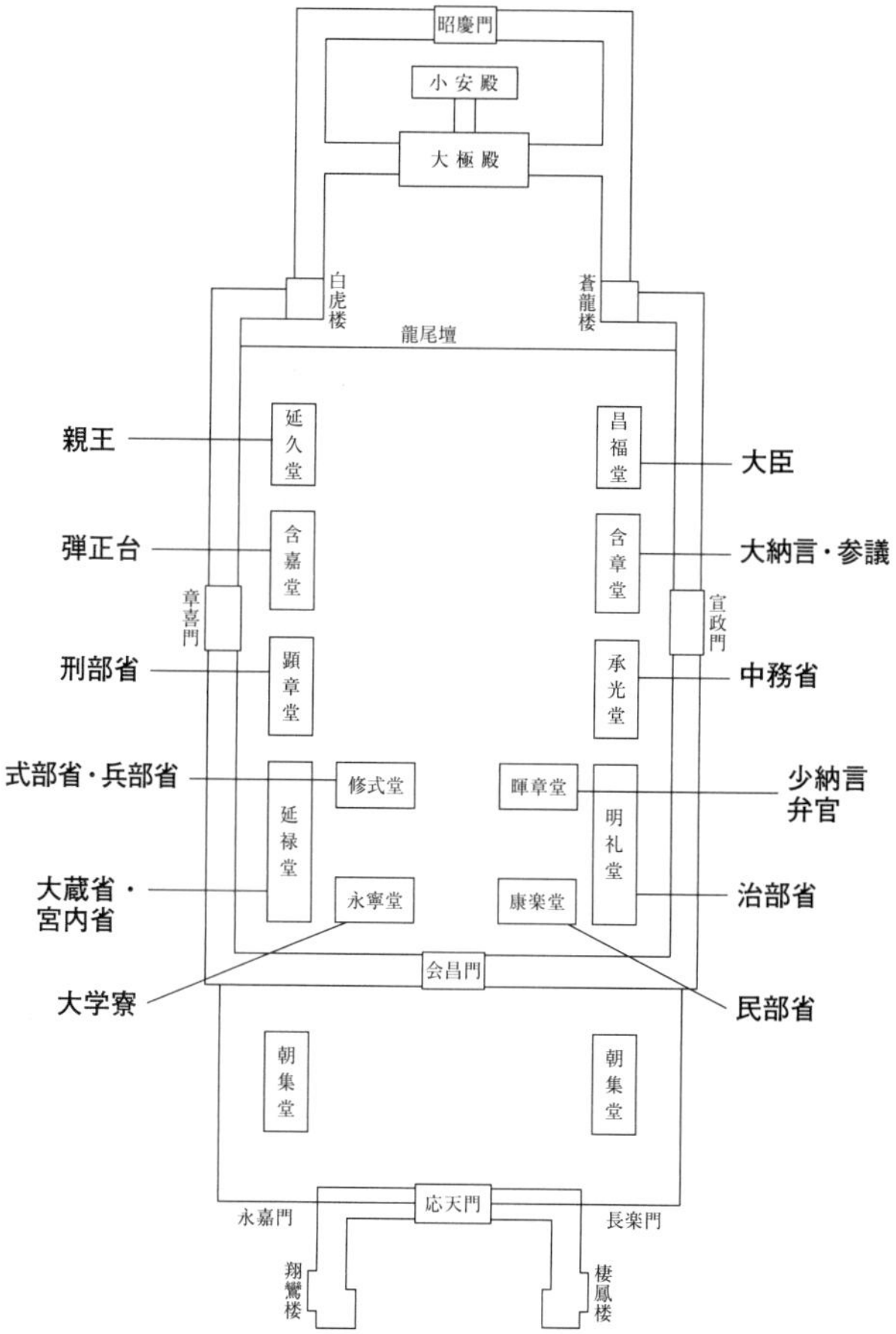

図表４　朝堂院内配置図

（吉川真司「王宮と官人社会」上原ほか編『列島の古代史3』岩波書店、2005年を改変）

レベルの異なる案件処理を一度に行うことのできる場といえる。その朝政が行われたのが朝堂院であり、律令国家の中心となる空間であった。

ここでは平安京を例に説明したが、以上のような基本的な構造は、奈良時代の平城京であっても、それ以前の藤原京であっても共通している。すなわち都城とは、まさに天皇の膝下に、国家機構とそこに勤める人々が集約される政治的都市であり、天皇を頂点とした政治システムや政治文化を体現した空間であった。日本史上、最初の都城である藤原京への遷都は持統八年(六九四)に行われていたが、大宝元年は、その藤原京というハードウェアに加えて、大宝律令というソフトウェアが完成した、まさに「文物の儀」が備わった古代国家の記念すべき年だったのである。

†議政官人事

国家の首脳たる議政官の人事に目を移そう。大宝律令が制定された大宝元年(七〇一)の太政官の構成をみてみると、

左大臣　正二位　多治比島《たじひのしま》

右大臣　従二位　阿倍御主人《あべのみうし》（同年三月に大納言から昇任）
大納言　正広参　大伴御行《おおとものみゆき》（同年正月に薨去。正広弐右大臣を贈られる）
　　　　正三位　石　上麻呂《いそのかみのまろ》（同年三月に中納言から昇任）
　　　　正三位　藤原不比等《ふじわらのふひと》（同年三月に中納言から昇任）
　　　　従三位　紀麻呂《きのまろ》（同年三月に中納言から昇任）

となっている。大伴御行だけ、位階の表記が他と違っている。大宝令の施行とともに、それまでの浄御原令《きよみはらりょう》制から大きく官制や位のシステムが変更されたため、その切り替えが大宝元年三月に行われたのだが、御行はその前、正月に亡くなったため、浄御原令制の冠位のままとなっている。

　では、これらのメンバーについて改めてみてゆこう。

　左大臣の多治比島は六世紀前半の宣化天皇の子孫にあたり、父は多治比古王《たじひこおう》という王族であった。多治比氏は、島の代で臣籍を賜ったばかりの、皇親氏族というべき存在である。この、いわば天皇の身内を筆頭に、阿倍・大伴・石上・紀といった古くから朝廷を支えてきた名門豪族（石上氏は物部《もののべ》氏の一族）、そして新興ながらも律令国家の建設とともにその力を伸ばしてきた藤原氏、という顔ぶれである。

　この議政官のメンバーに、同じ氏族からの任命がないことが一見して分かるように、もともと有力な豪族が、代表者を一人ずつ送り込むような形式であったとみられる。そして、このうちの誰か一人が亡くなると、その氏族から新たな議政官が任命されるケースが多い。

　たとえば大伴御行は、さきに見たように大宝元年の一月に亡くなっているのだが、三月の人事では、議政官には入っていないものの、大伴安麻呂《やすまろ》が従三位という中納言クラスの位を与えられており、御行亡きあとの大伴氏の筆頭として遇されたとみられる。そして翌大宝二年には、この大伴安麻呂と粟田真人《あわたのまひと》・高向麻呂《たかむこのまろ》・下毛野古麻呂《しもつけぬのこまろ》・小野毛野《おののけぬ》の五名に対して「朝政に参議せしめたまう」との命が下り、御行の欠を埋めるような形で安麻呂が廟堂に加わったことが確認できる。また大宝三年に亡くなる阿倍御主人の後には、その二年後の慶雲二年に中納言が改めて新設された際に、阿倍宿奈麻呂《すくなまろ》が入ることとなる。

　さらに、大宝三年〜天平十七年（七四五）にかけては、断続的に知太政官事《ちだいじょうかんじ》というポストも設けられていた。歴代の知太政官事は、刑部親王・穂積親王・舎人親王・鈴鹿王と、皇親が任命されている。知太政官事の職掌や性格については諸説あって定見がないが、皇親の代表として天皇と太政官にある存在であったとする説や、皇族という〝氏族〟の代表として議政官に関わるという考え方もある。

ともあれ、このように八世紀初頭の議政官人事において同一氏族からの重複がみられないことなどからすれば、皇族も含めた諸豪族のパワーバランスにおおよそ配慮した人選が行われていたことは疑いないだろう。

こうしたあり方は、律令制以前の豪族による合議（群臣会議）の名残であったと考えられる。大化前代における群臣会議の機能については多くの論考があるが、権限としては、大王の意思決定に関する参与と意思伝達・王位推戴（後述）・軍隊統帥、具体的な議決内容としては、仏教受容の可否・対外戦争の可否・皇嗣の決定といった国政上の重要案件であったと考えられている。

続いて、律令制以前の天皇と群臣との関係についてみてみたい。

なお、天皇号の成立時期については学界でも決着をみていないが、以下ではさしあたり、天武以後については天皇、それより前については大王と表記する。

†古代の人名

まず少し遠回りとなるが、古代の人名から諸豪族の位置づけについて整理しておきたい。

例えば飛鳥時代の有力豪族の筆頭である、蘇我蝦夷《そがのえみし》という人物がいる。『日本書紀』などでは、蘇我臣蝦夷《そがのおみえみし》などと記載される。この表記は、蘇我（ウジ［氏］名）＋臣（カバネ）＋蝦夷（個人名）の三つの要素で構成されている。

このうち個人名については、どのように名付けられたか、はっきりわからない部分も多い。蝦夷については、東北地方の蝦夷に由来するのだろう。東北の蝦夷は、『日本書紀』神武即位前紀の久米歌に、一人で百人に当たることが出来る、猛々しい勇者として登場する。また景行四十年七月条には、冬は穴で、夏は木の上で暮らすといった蝦夷の暮らしぶりとともに、「山に登ること飛ぶ禽《とり》の如く、草を行《はし》ること走《に》ぐる獣の如し」という驚異的な身体能力があったとも書かれている。いずれも、事実をそのまま書き表したものではないが、東北の蝦夷たちはこうした超人的な能力を持つと信じられていた。奈良時代でも佐《さ》伯今毛人《えきのいまえみし》といった名がみられるが、古代の人々はこうした蝦夷の力にあやかろうと、名付けに用いた可能性などが考えられる。他にも古代の人名を見渡すと、馬やら虫やら魚やら、人ではないものの名前を付けることも多かった。

†ウジ名とカバネ

本題に戻り、人名を構成する要素から、氏族の位置づけについてみてゆこう。

ウジ（氏）とは、自己の集団と他集団を区別するための集団の呼称であり、単純な血縁集団ではない。地縁や利害を共有する人々までもが擬制的な〝同族〟として結集した、政治的な組織である。ウジの名には大まかに言って二通りが存在する。一つは、朝廷における職掌を名に負うもので、大伴・中臣《なかとみ》・物部《もののべ》・膳部《かしわで》・服部《はとりべ》などがこれにあたる。ウジ名の由来には諸説あるが、最大公約数的な理解では、大伴は大いなる伴（人間集団）の意で、軍事などに従事したもの、あるいは内廷に奉仕する中でも格の高い集団。中臣は、神と人の間を取り持つ〝中つ臣〟で祭祀に、物部は〝つわもの〟で軍事に、膳部は食膳に、服部は服飾に、それぞれ従事したことを示すとみられている。彼らは、これらの職掌をもって古くから大王家に仕えた集団であった。もう一つのパターンは、本拠地の地名をウジ名とするものである。葛城《かつらぎ》・平群《へぐり》・巨勢《こせ》・紀・蘇我などがこれにあたり、いずれも大和盆地を中心とした地域の名称である。

朝廷の中心となる大王家も、もともとは一つの豪族であった。はっきりとは分からないが、大和盆地の東部、現在でいう奈良県桜井市付近の豪族に端を発する可能性などが考えられている。そしてさきにみた諸豪族のうち、ウジの名に職掌を負う人々は、大王家に元々奉仕していたものであり、その奉仕内容を名乗ったものと考えられる。一方、大和盆地やその周辺には、葛城地域には葛城氏、平群地域には平群氏、というようにいくつもの有力豪族が盤踞していた。葛城氏を例に挙げれば、奈良県の御所市と葛城市にまたがる南郷遺跡群において、平地を睥睨するような位置に建てられた高殿の存在や、その裾野に展開する工房では、当時の最先端技術であった製鉄・銅や銀などの金属加工・ガラス製品作りなどが行われていたことが明らかになっており、いかに彼らが大きな力を有していたかを示している。しかし五世紀の雄略朝ごろになると、大王家の権威や力が増してゆく中で、葛城氏をはじめとする各地の諸豪族も次第に大王家へと服属してゆくことになる。

こうした氏族に与えられたのが、「臣《おみ》」や「連《むらじ》」といったカバネ（姓）であった。カバネとは、集団の属性である職務・家柄を示すものであり、大王が与える世襲のものとして、五世紀後半ごろ成立したと考えられている。おおよそ、地名をウジ名とする豪族には「臣」が、職掌を名に負う豪族には「連」が与えられたと整理できるほか、地方首長に与えられる「君《きみ》」、渡来系氏族に与えられる「造《みやつこ》」「村主《すぐり》」、国造に与えられる「直《あたい》」などがある。いうなれば、中央・地方の豪族たちを分類しつつ、格付け・序列化するためのラベリングであった。

またこれらの諸豪族は、大王家に奉仕した淵源を古くに求める。日本神話において天皇は神の子孫と位置付けられているが、その先祖の一人であるニニギが、いわゆる天孫降臨で地上に降りてきたとき、そのお供をしたアメノコヤネという神の子孫と称するのが、中臣氏（のちの藤原氏も）である。また武装してニニギの先導役を担った神であるアメノオシヒの子孫を称するのが大伴氏である。つまり彼らは、神代の時代から大王に仕えてきたことを主張しているのである。また、紀氏・巨勢氏・平群氏・葛城氏・蘇我氏などの臣のカバネを持つ氏族は、景行・成務・仲哀・応神・仁徳の五代の大王（『日本書紀』では、第十二代から第十六代の天皇）に仕えたという伝説上の忠臣・武内宿禰《たけしうちのすくね》の後裔を称している。各地の有力首長である彼らも、さすがに神代の時代からという訳にはいかないものの、古い時代にかつ長期にわたって奉仕したという歴史を称したことになる。

大王家と諸豪族は、こうして神話や伝承を共有しながら、お互いに存在の正当性を担保しあってゆくのである。

†皇位継承と皇嗣の決定

では、こうした豪族たちと皇位はどのような関係にあるのだろうか。律令制以前の即位

について、たとえば『日本書紀』清寧即位前紀には、

　大伴室屋大連《むろやのおおむらじ》、臣・連らを率い、璽《じ》を皇太子に奉る。

とある。璽とはこの場合勾玉など、剣とともに皇位に伴って継承されるレガリアである。そのレガリアを、当時の臣下のトップである大伴室屋をはじめとする群臣が奉ることによって清寧の即位儀礼がスタートしており、群臣からの皇位への要請、いいかえれば群臣による大王の推戴がなされている。続く、清寧元年正月壬子条には、

　有司《うし》に命《おお》せて、壇場《たかみくら》を磐余甕栗《いわれのみかぐり》に設け、陟天皇位《あまつひつぎしろしめ》す。（中略）大伴室屋大連をもって大連とし、平群真《ま》鳥《とり》大臣を大臣《おおおみ》とすること、並びに故《もと》のごとし。臣《おみ》・連《むらじ》・伴造《とものみやつこ》ら、おのおの職位の依《まま》につかえまつる。

とある。まず壇場という即位儀礼の場を設ける（後に玉座として用いられるような高御座《たかみくら》が設置されたわけではない）。それによって即位が成るのだが、即位後に、大連（連のカバネ

を持つ氏族の上位者）であった大伴室屋を大連に、大臣（臣のカバネを持つ氏族の上位者）であった平群真鳥を大臣に、それぞれ再任し、ほかの臣・連・伴造ら諸豪族も、もともとの職位によって奉仕することとなった、と述べている。彼らは先代大王の時代からの地位があったが、清寧への代替わりによって一度その地位はリセットされ、清寧によってその地位を再度承認されることが必要であった。

このように律令制以前の即位儀礼においては、諸豪族が大王を推戴し、推戴された大王は諸豪族の地位を承認する、という関係にあった。失政による失脚など、種々の要因で豪族のパワーバランスが変わることはあるが、基本的には大王の代替わりごとに代々担ってきた職務に基づく地位を再任され、受け継いでゆくものである。つまり、豪族の地位や立場は基本的に世襲性の強いものであり、大王と豪族が、代替わりごとにお互いの地位を確認しあうという相互補完的な関係にあったことを示している。律令制下の議政官人事にも諸氏族のバランスが配慮されているという事実は、こうした世襲貴族的な性格が残存していたことに基づくとみられる。

†新たな身分標章――クライの導入

さて、さきに述べたように、諸豪族はカバネによって集団ごとにラベリングされていた。しかし、特に六世紀末〜七世紀初頭の推古朝では、隋との外交の中で、官人個人の身分を明確にするために、カバネ以上に明快なシステムが制定される必要が生じた。冠位十二階という、クライ（位）の制度である。クライとは座居《くらい》、すなわちその人の地位や、政務や儀礼における座次・立ち位置を指す語であり、官人たちにとっては彼らの序列そのものを示すことにもなる。続いてこのクライの制度の導入と、皇位継承問題などの政治情勢を絡めながらみてゆこう。

推古十一年（六〇三）、冠位十二階が制され、官人たちは徳・仁・礼・信・義・智という儒教の徳目によって名付けられたクライと、それに対応した色の冠（個別の色は不明）によって序列化されることとなった。その三年前に派遣された遣隋使は、倭の国政の在り方について〝倭王は天を以て兄とし、日を以て弟としています。夜が明けぬうちに出てきて、胡坐をかいて政を聴き、日が出ると政務をやめて弟に委ねます。〟と報告したところ、隋の文帝から「太《はなは》だ義理なし」と一笑に付される事態が生じていた（『隋書』倭国伝）。こうした経験によって、プリミティヴな政治体制からの脱却は、当時の倭国にとっての急務となっていったことだろう。冠位十二階と同じ推古十一年には小墾田宮《おはりだのみや》が造営され、政治・儀礼空間の整備も進められた。

また、現代でも同様であるが、どのような身分の者が使者に派遣されるか、あるいは使者を応接するのか、という点は外交上の重要な問題である。そして、〝どのような身分〟かを示すためには、その国に官職や身分の制度が存在していることが前提となる。こうした必要性も一つの引き金となって、推古朝にクライの制度が導入されたものといえる。

ところが、この冠位十二階には大きな問題もあった。王族や、大王の執政を支える蘇我氏らには冠位が授けられなかったという点である。図表5を見ていただくと、後の律令制での一位〜三位の高位の貴族に対応する部分は、冠位十二階では空白となっている。これは、そうした貴族に相当する蘇我氏や王族が、当時の冠位の対象外であったことによる。のちの律令制下では天皇以外のすべての官人は位階を与えられて序列化されることになる。つまり天皇はクライの序列から超越しており、クライを与える側にある唯一の存在という位置づけである。こうした後世のあり方と比較すると、推古朝における王族・蘇我氏らは官人というより、大王に連なる支配者として存在していたことになる。大王の超越性や、

推古11年	大化3年	大化5年	天智3年	天武14年			大宝・養老令		
	大織	大織	大織	明	正	大壱	一品	正一位	
	小織	小織	小織			広壱		従一位	
						大弐			
	大繡	大繡	大縫			広弐	二品	正二位	
	小繡	小繡	小縫			大参		従二位	
						広参			
	大紫	大紫	大紫			大肆	三品	正三位	
	小紫	小紫	小紫			広肆		従三位	
大徳	大錦	大花上	大錦上	浄	直	大壱	四品	正四位上	
			大錦中			広壱		正四位下	
小徳		大花下	大錦下			大弐		従四位上	
						広弐		従四位下	
大仁	小錦	小花上	小錦上			大参		正五位上	外正五位上
			小錦中			広参		正五位下	外正五位下
小仁		小花下	小錦下			大肆		従五位上	外従五位上
						広肆		従五位下	外従五位下
大礼	大青	大山上	大山上		勤	大壱		正六位上	外正六位上
						広壱			
			大山中			大弐		正六位下	外正六位下
						広弐			
小礼		大山下				大参		従六位上	外従六位上
						広参			
			大山下			大肆		従六位下	外従六位下
						広肆			
大信	小青	小山上	小山上		務	大壱		正七位上	外正七位上
						広壱			
			小山中			大弐		正七位下	外正七位下
						広弐			
小信		小山下				大参		従七位上	外従七位上
						広参			
			小山下			大肆		従七位下	外従七位下
						広肆			
大義	大黒	大乙上	大乙上		追	大壱		正八位上	外正八位上
			大乙中			広壱			
小義		大乙下	大乙下			大弐		正八位下	外正八位下
						広弐			
大智	小黒	小乙上	小乙上			大参		従八位上	外従八位上
			小乙中			広参			
小智		小乙下	小乙下			大肆		従八位下	外従八位下
						広肆			
	建武	立身	大建		進	大壱		大初位上	外大初位上
						広壱			
						大弐		大初位下	外大初位下
						広弐			
			小建			大参		少初位上	外少初位上
						広参			
						大肆		少初位下	外少初位下
						広肆			

図表5　冠位・位階の変遷（出口ほか編著『概説日本法制史』弘文堂、2018年）

大王の手足としての官僚機構は、まだまだ未熟な段階であった。

推古朝には十七条憲法も制定された。冠位十二階施行の翌年、推古十二年のことである。内容は、「和を以て貴しとす」、「詔を承りては必ず謹め」といった官人の基本的な心構えが説かれたものである。

†揃わない足並み

十七条憲法の第八条には「郡卿百寮《まえつきみたちつかさつかさ》、早く朝《まい》りて晏《おそ》く退《まか》でよ。」、つまり豪族たちは早く出勤して遅く退勤するように、とある。のちの大宝・養老律令であれば、日の出前・日の出後に鳴らされる二度の太鼓のうち、日の出後の太鼓が鳴る前には出勤していなくてはならない、といった具合に厳密な出勤時間が定められている（宮衛令《くえいりょう》4開閉門条）。推古朝では、そうした出勤時間を定める第一歩として、厳密な時刻は定めないまでも、〝早く来て遅く帰れ〟という訓令が出されたのである。その後、きちんとした時間による出退勤管理が目指されたらしく、舒明八年（六三六）には、出勤を卯刻（朝の六時ごろ）に、退勤を巳刻（午前一〇時ごろ）とすることが提案される。この提案をしたのは大派王《おおまたおう》という、舒明大王の叔父にあたる人物である。そんな有力皇族が提案したのであればすんなりと話が通りそうなものだが、大臣である蘇我蝦夷は従わなかったという（『日本書紀』舒明八年七月己丑朔条）。官僚機構が未熟な段階では、出勤時間の統一すらままならなかった。

また話は少し変わるが、推古が亡くなると、皇位継承候補として田村皇子《たむらのみこ》と山背大兄《やましろのおおえ》皇子の二人の名が挙がった。田村皇子は敏達大王の孫で、父・古人大兄が所有していた莫大な財産を継承したとみられている人物である。また山背大兄皇子は聖徳太子の子であり、斑鳩《いかるが》の上宮王家を継承していた。いずれも劣らぬ有力な王族である。当時の最有力豪族であった蘇我蝦夷は、昵懇の阿倍麻呂《あべのまろ》とともに田村皇子を推すことを決め、群臣会議での合意を得ようと考えた。そこで、自邸に諸豪族を招いて意見を聞いたのである。

呼ばれた豪族たちのうち、まず大伴鯨《くじら》が、田村皇子こそ次の天皇に相応しいとの意見を開陳し、これに采女摩礼志《うねめのまれし》・高向宇摩《たかむこのうま》・中臣弥気《なかとみのみけ》・難波吉士身刺《なにわのきしむさし》らが賛意を示した。しかし、その場にいた許勢大麻呂《こせのおおまろ》・佐伯東人《さえきのあずまひと》・紀塩手《きのしおて》といった人々は山背大兄皇子こそが皇位に相応しいと述べた。さらに厄介なことに、群臣らの意見を田村皇子に一本化したい蝦夷の意に反して、伯父の蘇我倉麻呂は「臣は当時、便《たやす》く言《もう》すこと得じ。更に思いて後に啓《もう》さん。」すなわち、私は今簡単に結論を言えないので、もう少し考えてから発言したい、と回答を保留したのである。同族からの同意も得そこねた蝦夷は、今回の群臣会議での合意を断念したという（『日本書紀』舒明即位前紀）。

その後、推古の遺詔もあって、田村皇子が即位することになる（舒明）。ただその過程で、蝦夷の叔父にあたる境部摩理勢《さかいべのまりせ》がどうしても山背大兄を推すことに拘ったため、蝦夷との対立を深め、最終的に蝦夷の率いる軍によって滅ぼされるなど、蘇我氏の中でも深刻な対立を生じさせることになった。また、これ以後の山背大兄も次第に皇位から遠い存在になってゆき、皇極二年（六四三）、蘇我入鹿によって攻め滅ぼされるという最期を迎えることになった。

冠位十二階は蘇我氏や王族には与えられない不徹底なものだったと述べたが、すべての官人が序列化されないという半端さゆえに、豪族たちの力関係も極めて微妙な状態であった。その結果、皇位継承をめぐっても、諸豪族の推戴する皇嗣が一致するわけではなく、頻繁に大規模な争いへと発展する。そして、有力豪族が手勢を率いて反対勢力を討ち滅ぼすという、私的かつ暴力的な手段での決着が採られることもざらであった。

こうした状態を改善するため、七世紀の国制整備というのは一貫して諸豪族の官人化、すなわち個人の力関係を明確に制度で示すことのできるクライの導入が主眼にあった。特に、律令制以前には大王との関係に基づく相対的なものであった諸豪族の地位が、クライという明確な尺度に置き換えられた点は大きな意味を持つ。代替わりごとの豪族の地位の再承認という手続が不要となってゆき、クライは国家における個々人の身分を示す物差しとして定着してゆくことになる。そして諸豪族の持っていた内政・外交に関わる種々の職掌についても、七世紀を通じて段階的に、官司という国家機構へ再編・集約されてゆく。律令制下の天皇の代替わりでは、位が上げられたり（叙位）、新たな官職への任官がなされることはあるものの、地位の承認といった身分そのものを問われることは原則としてない。こうして大王に仕える豪族たちは、国家に仕える官僚へと再編成されていった。

律令制下では、皇太子が制度的に定められたことや、豪族が議政官を頂点とする官僚組織に再編されたこともあって、少なくとも公的な場で血みどろの争いを繰り広げることは減少する。皇位継承を始めとする政治上の諸問題は、より高度な次元の政争へと転換してゆくことになるが、いまは措いておく。

†藤原氏と奈良時代前半の政治動向

それでは時計の針を進めつつ、律令国家草創期における藤原氏の存在とその躍進について触れておこう。

藤原氏は、六四五年に蘇我蝦夷・入鹿父子を滅ぼしたクーデターである乙巳《いっし》の変、それに続く政治改革である大化改新において大きな功績を挙げた中臣鎌足が、亡くなる直前に藤原朝臣の姓を下賜されたことに始まる。大化改新は、その存否をめぐって古くから議論があるものの、古代日本における中央集権化過程の大きな一段階であることは、近年ではおおむね了承されつつある。人事制度に関しても、大化三年（六四七）に制定された十三階の冠位、ならびに大化五年の十九階の冠位制によって、上位の豪族までが冠位授与の対象となるなど（三六頁図表5）、官僚制の整備は大きく前進した。

こうした中で力を伸ばした藤原氏は、当初から律令国家と密接に関わって成立した氏族であったといえる。ウジ名の〝藤原〟とは、奈良県橿原市高殿町あたり（のちに藤原宮が置かれた付近）の地名であり、鎌足がこの地で生まれたことにちなんだものと考える説がある。もともとの中臣氏は連のカバネを持つ氏族、すなわち職掌を名に負う氏族であるが、このような出自でありながら地名を名に冠することになったとすれば、そういった点でも、特殊な立ち位置の氏族であったといえるかもしれない。

鎌足の子、不比等は、大宝律令の制定など、律令国家の建設に大きな役割を果たした。不比等という名は、律令制以前に朝廷の文書記録を掌った人々が有したカバネである史《ふひと》に由来し、幼い頃に田辺氏という史のカバネを持つ渡来系氏族のもとで養育されたことにちなんだと考えられる。不比等の前半生には不明な点も多いが、彼が史上初めて記録に名を留めるのは判事《はんじ》という官職に任ぜられた時のことであり、田辺氏に養育されたことで、文筆の能力や法律の知識を身につけたと推測されている。

不比等は、大宝律令が施行されて七年が経った和銅元年（七〇八）三月に右大臣に昇った。この人事異動の時には、不比等の上席には左大臣の石上麻呂がいるが、麻呂はすでに七〇歳近い高齢でもあり、実質的に不比等が太政官の首班的立場に就いたと思われる。同じ日には太政官の議政官・左右大弁、中務省《なかつかさしょう》以外の七省・弾正台《だんじょうだい》・左右京職《きょうしき》・摂津職《せっつしき》・五衛府《えふ》・主要な国司・大宰府《だざいふ》などの長官も任命されたことが、『続日本紀』にみえている（図表6参照）。つまりは不比等の大臣就任とともに、国家の主要な役職のほとんどに関わる大規模な人事異動が実施されたということである。大宝令施行後七年を経過して新たな官制も落ち着き、それらにふさわしい人事刷新を実行したのだろう。不比等は、大宝律令のみならず、編纂途中で亡くなってしまうが養老律令の編纂にも主導的地位を果たした人物である。こうしたことからこの時の人事異動は、律令制強化のための施策の第一歩であり、その推進者が不比等であったとみる説もある〔野村一九六八〕。

官職	位階	人名
神祇伯	従四位上	中臣朝臣意美麻呂
左大臣	正二位	石上朝臣麻呂
右大臣	正二位	藤原朝臣不比等
大納言	正三位	大伴宿禰安麻呂
中納言	正四位上	小野朝臣毛野
	従四位上	阿倍朝臣宿奈麻呂
	従四位上	中臣朝臣意美麻呂
左大弁	従四位上	巨勢朝臣麻呂
右大弁	従四位下	石川朝臣宮麻呂
式部卿	従四位上	下毛野朝臣古麻呂
治部卿	従四位下	弥努王
民部卿	従四位下	多治比真人池守
兵部卿	従四位下	息長真人老
刑部卿	従四位上	竹田王
大蔵卿	従四位上	広瀬王
宮内卿	正四位下	犬上王
造宮卿	正五位上	大伴宿禰手拍
弾正尹	正五位下	大石王
左京大夫	従四位下	布勢朝臣耳麻呂
右京大夫	正五位上	猪名真人石前
衛門督	従五位上	大伴宿禰男人
左衛士督	正五位上	百済王遠宝
右衛士督	従五位上	巨勢朝臣久須比
左兵衛率	従五位上	佐伯宿禰垂麻呂
右兵衛率	従五位下	高向朝臣色夫知
摂津大夫	従三位	高向朝臣麻呂
大倭守	従五位下	佐伯宿禰男
河内守	正五位下	石川朝臣石足
山背守	従五位下	坂合部宿禰三田麻呂
伊勢守	正五位下	大宅朝臣金弓
尾張守	従四位下	佐伯宿禰太麻呂
遠江守	従五位下	美努連浄麻呂
上総守	従五位上	上毛野朝臣安麻呂
下総守	従五位下	賀茂朝臣吉備麻呂
常陸守	従五位下	阿倍狛朝臣秋麻呂
近江守	正五位下	多治比真人水守
美濃守	従五位上	笠朝臣麻呂
信濃守	従五位下	小治田朝臣宅持
上野守	従五位上	田口朝臣益人
武蔵守	正五位下	当麻真人桜井
下野守	従五位下	多治比真人広成
陸奥守	従四位下	上毛野朝臣小足
越前守	従五位下	高志連村君
越後守	従五位下	阿倍朝臣真君
丹波守	従五位上	大神朝臣狛麻呂
出雲守	正五位下	忌部宿禰子首
播磨守	正五位上	巨勢朝臣邑治
備前守	従四位下	百済王南典
備中守	従五位上	多治比真人吉備
備後守	正五位上	佐伯宿禰麻呂
長門守	従五位上	引田朝臣尓閇
讃岐守	従五位上	大伴宿禰道足
伊予守	従五位上	久米朝臣尾張麻呂
大宰帥	従三位	粟田朝臣真人
大宰大弐	従四位上	巨勢朝臣多益首

図表6　和銅元年三月の人事異動

兼官者については官職ごとに名前を挙げた。

ところで、この和銅元年の人事刷新の段階でも、議政官では基本的に同一氏族からの任命はない。しいて言えば、藤原不比等と同族関係にある中臣意美《なかとみのおみ》麻呂《まろ》が新たに中納言になっているが、文武二年（六九八）七月に藤原と中臣の氏族を分離する詔が出されているので、ここは別の氏族であると理解しておく。本格的に同族からの複数議政官輩出となるのは、霊亀三年（七一七）、右大臣不比等に加えてその次男である房前《ふささき》の参議任命である。将来に不比等の後継者としてそのポストを受け継ぐ立場としては長男の武智麻呂《むちまろ》が予定されていたが、房前はそれとは別枠で天皇の側近として参議に任ぜられたものとみられる〔十川二〇一七〕。こうして議政官に藤原氏が二人存在するという状況が生まれ、不比等死後の養老五年（七二一）に不比等の跡を継いだ武智麻呂が中納言に任ぜられた折にも、房前は引き続き参議の地位にあった。さらに天平三年（七三一）になると、大納言に昇任していた武智麻呂、引き続き参議であった房前に加えて、三男の宇合《うまかい》、四男の麻呂も新たに参議として加わり、議政官内に藤原氏が四人存在することとなった。

その遠因となったのが、天平元年（七二九）に発生した長屋《ながや》王《おう》の変である。長屋王は、天武の有力皇子の一人である高市皇子《たけちのみこ》の子で、養老二年に大納言となり、さらに養老五年に藤原武智麻呂が中納言に任ぜられたのと同じ日、右大臣に任ぜられた。不比等の晩年から没後にかけて、皇親の一人として議政官をリードするよう期待されたと目されている。また神亀元年（七二四）二月に、長屋王が正二位左大臣に昇任した際には、知太政官事の舎人親王《とねりしんのう》が上席にあったが、知太政官事の禄は右大臣に准じるよう定められていたので（『続日本紀』慶雲三年［七〇六］二月辛巳条）、待遇面では長屋王が最上位に立ったことになる。

しかし天平元年に、長屋王が聖武天皇を呪詛しているとの密告があり、即日包囲されて死を賜るという事件が発生する。そしてこの直後に武智麻呂が、中納言としては先任の大伴旅人《たびと》を超えて大納言に昇任することになる。武智麻呂政権では大納言武智麻呂以下、当初は中納言に大伴旅人・阿倍広庭《ひろにわ》、参議に藤原房前、権参議《ごんのさんぎ》に多治比県守《あがたもり》・石川石足《いわたり》・大伴道足《みちたり》といった比較的諸氏族のバランスが取れた構成となっていたが、天平三年八月以後になると、長屋王の死によって有力な対抗馬のいなくなった藤原氏からは四人の議政官が輩出されることになる。さらに石川石足が天平元年に、阿倍広庭も天平四年に亡くなったこともあって、天平五年の議政官メンバーをみると、大宝元年に議政官であった氏族からは多治比氏と大伴氏のみで、その他は藤原氏と皇親、という氏族構成となっていた。

こうした同一氏族からの複数議政官輩出という状況は、一見すると偏った人事ではあるが、それは彼等が律令制の支配機構において大きな比重を占めていたことを示している。天平三年八月に議政官に追加された人々を見てみると、式部卿《しきぶきょう》の藤原宇合、民部卿《みんぶきょう》の多治比県守、兵部卿《ひょうぶきょう》の藤原麻呂、大蔵卿《おおくらきょう》の鈴鹿王《すずかおう》、左大弁の葛城王《かつらぎおう》（のちの橘諸兄）、右大弁の大伴道足と、八省の長官に左右大弁という実務の要が揃っている。つまり、元々しかるべき地位にあった者を追加した結果として藤原氏が増えたのであって、無理筋を通す形で議政官にねじ込んだわけではない。

そもそも、いかに律令国家創業の功臣である藤原氏とはいえ、全く地位や力の及ばない者を要職につけるわけにはいかない。国家の中枢にかかわるような要職に就くためには、やはり高いクライや相応の資質も有していることが必要条件なのである。

2　人事と行政

†官人たちの身分秩序

大宝・養老律令制下において、官人の基本的な身分となるのはクライである。

大宝律令以後のクライは位階と称するが、七世紀のクライの制度は冠位という。これは、それぞれのクライに対応して、冠の材質や色が定められていたことによるものであり、この段階のクライの証明とは冠であった。これに対して位階の場合は、位記といういわば身分証明書が交付されることになる。大宝・養老律令制下においても、官人たちは位階によって着用する制服（朝服《ちょうふく》）が色分けされており、位階の上下関係は一目瞭然だった。ただ、大宝律令の施行を境にして、視覚によってのみ身分を示す段階から、公文書による身分証明へ、という行政システムの整備と関わった転換があったといえる。そしてこの位階こそが、後々述べてゆくように官職への就任や給与・特権を受ける基準であった。

ところで、七世紀以前の豪族たちの序列化に機能したカバネの制度は、七世紀後半の天武朝に、真人《まひと》・朝臣《あそん》・宿禰《すくね》・忌寸《いみき》・道師《みちのし》・臣・連・稲置《いなぎ》の、いわゆる八色《やくさ》の姓《かばね》に再編成された。ただ、実際には道師以下のカバネが与えられたことはなかった可能性が高い。また奈良時代後半以降、多くの氏族が朝臣のカバネを得るようになるとカバネの制度はほとんど形骸化し、位階が身分秩序の根幹となってゆく。とはいえカバネの制度自体はその後も続き、明治四年（一八七一）に太政官布告によって廃止となるまで、公文書等での正式な表記として用いられていた。

†位階と官職

それでは、律令制下の位階と、具体的な職務を伴う官職についてみてゆこう。厳密には、官(ポスト)と職(職掌)は異なるものだが、ここでは一体のものとして扱う。

大宝・養老律令制下では、正一位《しょういちい》〜少初位下《しょうそいげ》までの三〇階の位階(内位《ないい》)を中心として、親王に与えられる一品《いっぽん》〜四品《しほん》の品位《ほんい》、さらには地方の人間に与えられる外《げ》正五位上《しょうごいじょう》〜外少初位下まで二〇階の外位《げい》(後に内位と接続することになる。本章3節参照)が設定されている(三六頁図表5参照)。以下、内位を中心に位階制の概要をみておこう。

それぞれの位階には対応する官職が設定されていて、たとえば三位《さんみ》以上は大臣や大納言に、四位《しい》は八省卿(長官)や参議や大弁に、五位であれば八省輔《すけ》(次官)のほか省よりも下の職《しき》といった官司の長官などに任命させることになっていた(巻末、官位相当表)。つまり、官人個人にまず位階を与え、それに対応する官職に任命させるという体制であった。こうしたシステムのことを、官位相当《かんいそうとう》という。ただしこのような位階の制度は、実は日本独自のものである、という点には注意が必要である。日本律令の母法である唐令には、位階と似た制度として官品《かんぴん》というものがあるが、これはあくまでも官職のランクを示すものである。官人の側からみれば、任命された官職にランクが張り付いているだけのことであり、個人に位階が与えられるということではない。少し分かりにくいかもしれないが、日本の位階は「私は正三位《しょうさんみ》の者です」といえば通じる独立した肩書きになるが、唐の官品は「私は正三品《せいさんぴん》の者です」といっても個人の肩書きにはならず、「私は吏部尚書《りぶしょうしょ》（正三品の官）という官職にある者です」という必要がある、という違いである。

このような日唐の差異は、さきに述べたような日本の官僚制の整備過程に起因するものとみられる。前節でみたように、律令制以前の朝廷は足並みのそろわない豪族の集合体のような状況であった。それが推古朝以来、中国的な制度作りが目指され、豪族たちも官僚制に再編されてゆくこととなった。その過程で、家柄とは異なる原理、すなわち個人ごとのランキングを最優先に設定する必要があってクライが導入されたため、日本の位階は個人の肩書きとならざるを得なかったといえる。日本は、中国で紀元前以来長い時間をかけて形成された制度のうち、隋・唐の時代に完成された律令制や官人制を、あくまで七〜八世紀の日本の社会状況に合わせて受容したに過ぎない。日本と中国の制度が外見的に似通っていても、日本の事情に即して制度を組み替えた部分も多々あったのである。

ところで、位階や官職と一口に言っても、実は地位の高下に応じて授与や任命の手続きは異なっていた。

まず位階について、内外五位以上は勅授《ちょくじゅ》といって、太政官《だいじょうかん》の奏上を受け、天皇が授与する位階を決定する扱いであった。五位以上官人は貴族であり、本質的には天皇の前に侍して政治にあずかる〝マエツキミ〟である。その位階もおのずと天皇によって直接決められるものであった。それより下、六位〜内八位・外七位以上は奏授《そうじゅ》といい、太政官から奏上された叙位の案を、天皇が裁可する。また最下級の外八位・内外初位は、式部《しきぶ》省・兵部《ひょうぶ》省という、文武官それぞれの人事を掌る官司が作成した案を太政官が審査して決定する、判《はん》授《じゅ》という手続区分に属する。最終的な叙位の責任はすべて天皇に帰するが、授与する位階を提案する主体、という点で見ていくと、勅授は天皇、奏授は太政官、判授は式部省・兵部省というように、階層性が存在していることは容易に理解できるだろう。

また官職については、大納言以上、左右大弁、八省卿、五衛府督《かみ》、弾正尹《いん》、大宰帥《そち》といった四位以上相当の官職が勅任《ちょくにん》であった。これらの官職は、議政官に加えて主要な官司の長官クラスであるが、七世紀後半の天武朝〜八世紀前半においては、この中に多くの皇親が含まれていた。彼らは官司における首席官ともいうべき存在であり、直接的に行政の責任を負う人々である。律令国家草創期にあっては、天皇に近い人間が任ぜられる必要があったのだろう。特に大宝令制の前身となる中央行政機構の整備など、日本の律令国家の直接の基礎を固めた天武天皇は、壬申の乱という内乱を勝ち抜いて即位した天皇であり、自らの身内を中心に、皇親政治とも呼ばれる体制を築き上げたとも評価されている。

これら勅任官以外の大半の官職は奏任《そうにん》と呼ばれる。その範囲は幅広いが、大まかに五位は各官司の次席官、六位は実務官人、七位以下は雑務官人と区別する見解がある〔春名一九九七〕。要するに行政の種々の立場を担う人々である。これら以外には、判任《はんにん》といって郡司の主政《しゅせい》・主帳《しゅちょう》や、貴族などの家政機関に勤める家令《かれい》といった区分がある。また舎人《とねり》、史生《ししょう》、使部《つかいべ》、伴部《ともべ》、帳内《ちょうない》、資人《しじん》といった召使クラスは、判補《はんぽ》といって式部省の判断で任命が可能であった。

このように官人の範囲は広いが、官職や位階が上のクラスになればなるほど、天皇との直接的な関係の下で統制されることになる。それゆえ、有力な家柄の出身であることは当然有利に働くのではあるが、官司という国家機構において、いかなる人物をいかなるポストに就けてもよい、ということには必ずしもならない。以下、人事システムや行政の運営の在り方を通じてその辺りのことを見てゆこう。

†勤務評定のシステム

位階は、官人個人に対するランキングであるが、終生同じランクのまま留まるものではない。一度与えられた位階は、勤務実績によって昇進することが可能であった。

律令制下において、官人たちは毎年勤務評定を受けることになっていた。この勤務評定を、考《こう》といい、一定期間の勤務評定をまとめて業績審査がなされることを選《せん》という。選の結果が芳しければ叙位、すなわち位階の昇進にいたる。うまく位階が上がれば、次の転任のタイミングでは上昇した位に相当する官職に就くことができるようになる、というシステムで人事が回っていた。官人の勤務評定については、律令の中では考課令《こうかりよう》という編目に、七五ヶ条にわたって規定されている。

官人には勤務の場所や勤務形態によって内長上《ないちようじよう》・内分番《ないぶんばん》・外長上《げちようじよう》・外散位《げさんに》の四段階の区分がある（図表7）。長上はフルタイム職員、分番はパートタイム職員、内が中央の官人（中央から地方に派遣される国司も含む）、外が地方の官人を指す。中でも最も中心的なものは、中央の官人としてフルタイムに勤務をする、内長上である。この内長上を例に取れば、評定結果は上上・上中・上下・中上・中中・中下・下上・下中・下下の九等で表された。

大宝令では八省が被官である寮や司などの考課も担当し、養老令では被官諸司も個別に考課を行う、といったように運用方法には変化もあるが、大まかには官人たちの勤務成績はその人が所属する官司で評定され、人事を掌る式部省《しきぶしょう》に送られて昇進などの手続が取られることになっていた。平城宮式部省跡の遺構から奈良時代の人事に関する木簡が一万三〇〇〇点ほど出土したことで、人事システムの具体像がかなりの程度明らかになっている。

区分名称	対象者	大宝令制		七〇六年の改訂後（七五七・五―七六四・一二を除く）		考課対象となるために必要な年間出勤日数	評定区分
		成選（位階昇進の資格を得る）年限	規定上の最高昇進	成選（位階昇進の資格を得る）年限	規定上の最高昇進		
内長上	内位をもつ長上官―中央の常勤官人、内舎人、舎人（養老令では内分番扱い）、才伎長上（技術系常勤官人）、国司（中央から派遣）、五位以上の散位	六考―六年分の考	十三階	四考―四年分の考	九階	二四〇日	上上・上中・上下・中上・中中・中下・下上・下中・下下の九段階
内分番	内位をもつ番上官―中央の非常勤官人（史生・使部など）、帳内・資人、六位以下の散位	八考―八年分の考	三階	六考―六年分の考	三階	一四〇日（帳内・資人は二〇〇日）	上・中・下の三段階
外長上	外位をもつ最上官―①郡司の四等官、軍団の官人、②国博士・国医師	十考―十年分の考	三階	八考―八年分の考	三階	二四〇日	①上・中・下・下下の四段階 ②上・中・下の三段階
外散位	外位をもつ散位（国府に非常勤勤務）	十二考―十二年分の考	三階	十考―十年分の考	三階	一四〇日	上・中・下の三段階

図表7　考選の区分

（奈良文化財研究所『地下の正倉院展　式部省木簡の世界』2016年）

勤務成績は、個人ごとに木簡に書きつけられた。考課に関する木簡には、おおよそ、

前年の評価　官職　位階　姓名　年齢　出勤日数
今年の評価　本貫地

といった内容が書き込まれていた〔奈良文化財研究所二〇一六〕。さらに側面に穴が開けられ、紐を通して管理していたらしい（図表8）。式部省ではこうしたカード状の情報を集積して、最終的に考文《こうもん》という紙の文書に起こしていたようだ。

勤務成績について、かつては中上や中しか付けられることはなく、奈良時代を通じて考はほぼ機械的に処理されていたとみられていたが〔野村一九六九、一九七五〕、考課木簡の出土例の増加などにより、奈良時代初頭では下等の評価もつくようなシビアな査定が行われていたことが明らかにされている〔寺崎二〇〇六〕。奈良時代も後半こそルーティン化した勤務評定だったようだが、初頭のころは厳格に勤務評定を実施しようという意気込みが強かったらしい。

具体的な勤務評定の在り方を見てみよう。考は、大きく善《ぜん》と最《さい》という二種類の項目によ

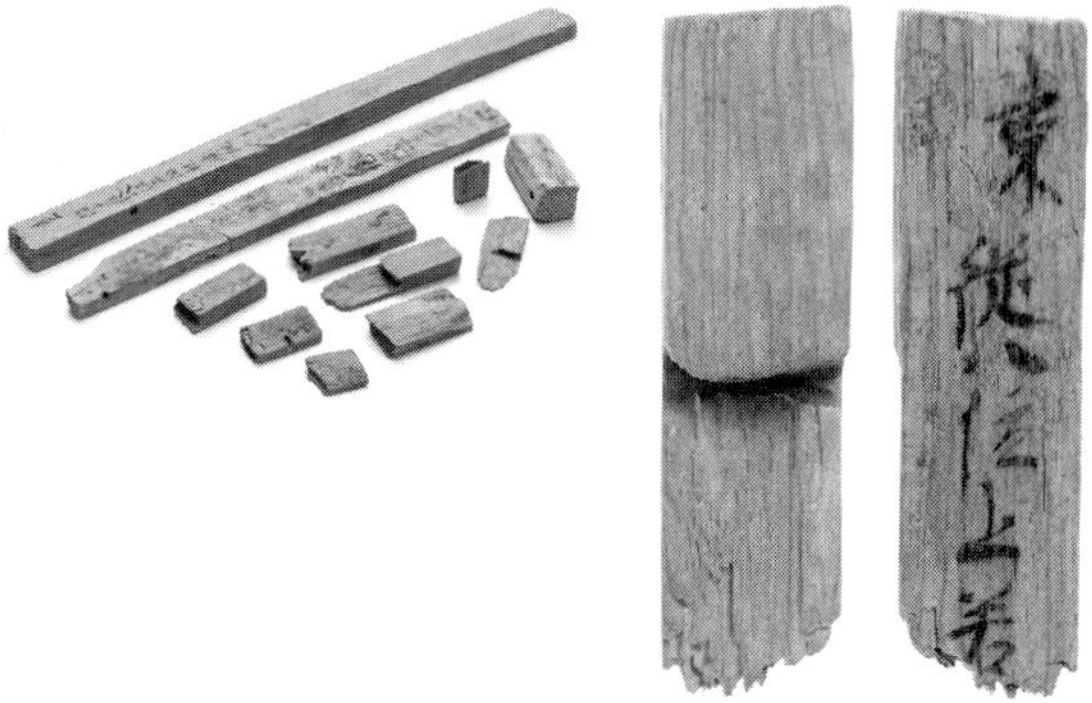

図表８　平城宮式部省跡出土木簡

（奈良文化財研究所蔵）

側面に穴が開けられた部分が、破損して出土することも多い。

って評価されるしくみとなっている。

善とは、官人としての心構えで、考課令《こうかりょう》3〜6に規定がある。

徳義《とくぎ》聞こゆること有らば、一善とせよ。
清く慎めること顕著なれば、一善とせよ。
公平称すべくは、一善とせよ。
恪勤《かくごん》にして懈《おこた》らざれば、一善とせよ。

すなわち徳義（道理にかなった人間性）・清廉性・公平性・恪勤（まじめな勤務態度）といった点が評価されるごとにポイントが加算され、その合計がその人の善の成績となる。

最は、ポストごとに果たすべき職務であり、官職ごとに細かく内容が設定されていた。例えば、神祭りを行う神祇官《じんぎかん》の長官・次官であれば、「神祇の祭祀、常典に違わずは、神祇官の最とせよ」（考課令8）とある。つまり、神祇祭祀を法に則って実施しているかどうか、というのが彼らの勤務実績の判断基準であり、きちんとこの項目通りに勤務していると判断されれば、最の項目はクリアとなる。他にも例示すると、人事を掌る式部省については「人物を銓衡《せんこう》し、才能を擢《ぬき》んで尽せば、式部の最とせよ」（考課令13）すなわち人事にあたって才能あるものを選べているか。官司の非違を検察する弾正台《だんじょうだい》については「訪察すること厳しく明らかにして、糺《ただ》し挙ぐること必ず当たれらば、弾正の最とせよ」（考課令20）すなわち諸官司を厳しく検分し、不正があれば必ず見逃さないようにしているか、といった基準が設定されている。

具体的な考文の例をみてみよう。幸いにして東大寺に裏紙として払い下げられた奈良時代の考文が、東大寺正倉院に残されている。

正七位下行陰陽師高金蔵 年五十八 右京
能①太一 天文 六壬式 算術 相地　日②参伯玖
恪③勤匪懈善　占④卜効験多者最
従七位下守陰陽師文忌寸広麻呂 年五十 右京
能①五行占 相地　日②貳佰玖拾肆
恪③勤匪懈善　占④卜効験多者最

陰陽寮《おんみようりよう》に仕える官人のうち、中上の評定となった陰陽師に関する部分をピックアップした（〇数字は著者が付したもの）。勤務評定結果はこのように官司ごと、成績ごと、官職ごとに整理されて文書化された。

ちなみに、この考文にみえる高金蔵《こうこんぞう》という人は、もともと信成《しんじよう》という僧侶で、大宝元年（七〇一）に還俗し、陰陽の術に優れていたことから、養老七年（七二三）には従五位下まで昇った人物である。律令国家の船出の時期においては、こうした知識を持つ人々の存在は特に貴重であった。当時、様々な先進知識は寺院に集積されることが多く、いきおい僧が様々な知識や技能を持つことも多い。奈良時代初頭には知識や技能を活用するために、彼らを還俗《げんぞく》（僧籍から俗人に戻すこと）させるということもしばしば行われている。

では、考文に記載された内容をみていこう。

まず①である。各人についてまず能《のう》という記載がある。これは職務にあたって必要とされる実務の能力である。彼らは陰陽師であるから、占いを中心とした種々の実務能力が挙がっている。なお、平城宮式部省跡出土木簡には、造筆・轆轤《ろくろ》工・書写・知歌・交易など、官人の様々な能力を記載した例がある。官人たちは、個々人がどういった能力に秀でているか、きちんと把握されていたのである。中には、「无才」すなわち特記すべき才能がないものについても律儀に記載された例もある。こういった情報が、人事の基礎であった。

その下にあるのが②勤務日数で、最初の高金蔵は三〇九日、二人目の文広麻呂《ふみのひろまろ》は二九四日と、おおよそ年間三百日前後の勤務実績があったことが分かる。仮寧令《けにょうりょう》の規定によると、在京諸官司は基本的に六日ごと、中務省・宮内省およびその被官と衛府は別に五日の休暇が与えられる。さらに五月と八月には田假《でんけ》という田植えと稲刈りのための一五日ずつの長期休暇や、臨時の休暇も取得できた。こうした休暇を除いた実働日数が、さきの②に相当する。『延喜式《えんぎしき》』によると、長上官は年に二四〇日以上、番上官《ばんじょう》は一四〇日以上の出勤が、考を受ける最低条件となっている。

その次に、③善が挙がっている。両名とも「恪勤」のポイントが付いている。最後に見えるのが④最である。陰陽師たちに関わる最としては「占候医卜《せんこういぼく》、験《げん》を効《あらは》すこと多くは、方術《ほうじゆつ》の最とせよ」（考課令41）と規定されているが、このうち候は天文博士に、医は医師にとっての最になるので、陰陽師としては占と卜の二項目について、「験を効すこと多く」つまり占いがよく当たるといったことが求められている。彼らはその点をクリアし、最のポイントを得ていることになる。

†昇進のしくみと実際

こうした考を積み重ねて、所定年数分まとまると、選《せん》、すなわち叙位の機会が巡ってくる。所定年数はポストの種類によって、内長上は六年、内分番は八年、外長上は一〇年、外分番は一二年と規定されていた。しかし、それではあまりに昇進の機会が少ないということで、慶雲三年（七〇六）にはそれぞれ二年ずつ短縮する措置が出されている。

選と叙位について、選叙令《せんじよりよう》の規定などを中心として見てみよう。

例えば内長上では、六年すべてが中中であれば一階（従七位下《じゆしちいげ》であれば従七位上《じゆしちいじよう》へ）の昇進となった。しかし、一年でも下等の成績が付いてしまうと、他の年に上等があれば相殺できるが、上等がなければ昇進そのものが不可能になるという厳しさであった。なお六年のうち、中上が三年・上下が二年・上中が一年あれば一階プラスされて計二階、上上が一年あれば二階プラスされて計三階など、複数階の昇進も可能である。ただし、四階以上の昇進となる場合や、五位以上へ昇進する場合には奏聞の必要があると規定されている。特に五位に上がる際には必ず最末端の従五位下《じゅごいげ》で一度止められる制度であったらしい。つまり、正六位上《しょうろくいじょう》の人が三階昇進できる成績を獲得した場合でも、一気に正五位下《しょうごいげ》に昇るのではなく、二階分の昇進はカットされて従五位下に留められた。

詳しくは後に述べるが、五位以上は貴族であり、経済的特権も有する人々である。またその数も、奈良時代前半では一五〇名程度といわれる。官司に勤める人の数が一万数千にも上ることを考えても、五位以上という身分は相当に高い。また昇進も、制度上は複数階の昇進が可能であったとしても、現実には一階ずつの昇進が多かったとみられている。やはり、そう簡単に高位に登ることはできなかったのである。

『万葉集』にこんな歌がある。

この頃の我が恋力記《こいぢからしる》し集《つ》め功《くう》に申さば五位の冠《かがふり》（『万葉集』巻十六、三八五八番歌）

〝あなたを思う恋心を文書にまとめて申請したら、たちまち五位に昇進することができるでしょう〟という歌で、官人制の話にはよく引き合いに出される歌である。作者も年代もわからない戯れ歌であるが、五位の壁の大きさと、勤務評定の厳しさが身近にあったことを物語っていよう。

律令制下では、このように緻密な人事システムが布かれ、官人制の基礎を形作っていたのである。

†考選木簡と削屑

内長上の官人が一度に四階以上昇進しようとする場合、奏聞して天皇の判断を仰ぐ必要があったと述べた。こうした中、平城宮式部省跡からは、

進七階〔叙カ〕□　　（『平城宮木簡』四―三七七一）

図表9「進七階」削屑
（奈良文化財研究所蔵）

と記した木簡が出土している（図表9）。勤務成績によっては七階の昇進も有り得るため、このような木簡が出ても不思議ではない。しかし、この木簡で進七階とされた人間がいかなる人物なのか、また実際に七階の昇進が認められたのか、まったく不明である。

というのも、この木簡は削屑《けずりくず》と呼ばれるもので、ごく断片的な情報しか残されていない。木簡は木でできているため、書き直しなどの際には文字の部分を刀子《とうす》（小刀）で削れば、出てきたまっさらな木地に新しい文字を書くことができる。このように削って再利用できることが木簡の利点の一つなのであるが、その過程で発生する削屑とは、いうなれば木簡が使用された事務作業で発生するゴミである。総数一万三〇〇〇点ほどを数える平城宮式部省跡出土の木簡も、実は大半は削屑である。それだけ何度にもわたる書き直しや、新しい内容を書くための削り出しが行われたことを示しており、式部省が実に繁忙な官司であったことをうかがわせる資料でもある。

こうした削屑を含め、多数の木簡から得られた情報を整合的に解釈し、考選のシステムが明らかにされてきたのは、参考文献にも挙げている野村忠夫氏の緻密な研究によるところが大きい。また本書では詳しく触れていないが、野村氏の研究では、善や最のポイントを上中下といった評価へ換算する際の計算方法まで明らかにされている。先学の偉業には改めて敬服するばかりである。

†任官の制限

閑話休題。任官には制限もあり、空いているポストに誰を配置しても良いわけではない。そもそも官位相当があるので、上位のポストが空いていても基本的に下位の者が任ぜられることはない。能力などに問題がなければ、例外的に自分が持つ位階とは異なる相当位の官職につく場合はある。ただその際、位階が高い場合には「正六位上行左少史」、官職の方が高い場合には「従五位下守左少弁」のように、「行《ぎょう》」、「守《しゅ》」という文字を書くことになっていた。位階を主語として、官に対して先行している、遅れている（＝場所を守っている）、ということで、やはり位階が主体にあってそれに相当する官職に就くのが原則であったことがわかる。

また任官の制限という点では、選叙令7同司主典条の規定も興味深い。

凡《およ》そ同司《どうし》の主典《さかん》以上には、三等以上の親《しん》を用いること得ざれ。

同じ官司内に、三等親以内の親族を配置してはいけない、という規定である。三等親とは、ここに関わる範囲では、イトコや異父兄弟などまでが含まれる。親族が一つの官司内に集まれば、職務に私利私情を持ち込むことも容易に想定される。こうした規定によって、あらかじめそうした危険は排除する仕組みになっていたといえる。

ところで、ここで出てきた「主典以上」とは何だろうか。次に、官司における行政の運営について少し詳しく見ておこう。

†官司内の運営と責任

各官司は、四等官《しとうかん》という、長官《ちょうかん》・次官《じかん》・判官《はんがん》・主典《しゅてん》の四等級の官人によって構成されていた。官司の規模によっては次官や判官が置かれないものもあるが、原則はこの四等官による業務分担の形式を取る。なお四等官の表記は、たとえば省ならば卿・輔・丞・録、国ならば守・介・掾・目というように官司の種類ごとに異なり、官司の種別や格が明示されるようになってはいるが、訓読みはいずれも〝かみ〟・〝すけ〟・〝じょう〟・〝さかん〟で共通している。
彼らの構成とそれぞれの職掌は、以下の通りである（「　」の中は、職員令《しきいんりょう》に規定された職掌）。

長官　「官事を惣判」する、すなわち官司内全般の決裁に責任を持つ。

次官　「官事を惣判」する、すなわち長官と同じ権限を持ち、長官を補佐する。

判官　「官内を糺判し、文案を審署《しんしょ》し、稽失《けいしつ》を勾《かんが》え、宿直を知る」すなわち官司内の非違を糾弾し、文書の審査・署名などを担当する。

主典　「事を受けて上抄し、文案を勘《かんが》え署し、稽失を検出し、公文《くもん》を読み申す」すなわち、公文の受付と記録、文書の作成などを担当する。

官司の種類にもよるが、おおよそ長官は四位・五位で、判官や主典は六位以下である。つまり、天皇の前に侍するマエツキミが官司を統制し、その下で六位以下の官人が実務を担うという構造のユニットである。律令制において、行政は文書を媒介とする文書行政が原則である。主典や判官が公文書の授受や作成といった事務を担当し、それに基づいて長官や次官が決裁を行う、というのが大まかな業務ということになる。さきにみた官人の考選も、基本的には長官あるいは次官が各官司内の官人の評定を行うことになっている。

こうした官司内における決裁については、どうやら案件の重要度に応じて担当者が異なっていたらしい。重要案件は長官・次官・判官、準重要案件は次官・主典、日常軽微な案件については判官・主典、運営上の基礎的な案件は任意の四等官、といった具合であったと考えられている〔佐藤二〇〇八〕。

実例をみてみよう。東大寺東南院に伝来した古文書のうち、天平神護三年（七六七）二月に、東大寺の寺田《じでん》に関する手続に際して民部省《みんぶしょう》が発給した二通の文書である。

少し煩雑だが、まずその時の状況からみておきたい。この前年の八月、東大寺から伊賀国に派遣された田使から訴えがあった。もともとこれらの国には、東大寺のために、阿拝《あえ》郡と伊賀郡に田地が設定されていたが、天平宝字五年（七六一）に巡察使《じゅんさつし》（臨時に派遣される広域地方行政官）と国司が、その田を勝手に百姓に班給してしまった。それによってトラブルが生じているので、精査して元の通り東大寺の田として認定してほしいという。これを受けた太政官は、天平神護二年八月、伊賀国に調査を命じた。伊賀国は、精査したところ、もともとこれらの地は公田で、後に寺田へと変更されていることを確認した。そして、その扱いをどのようにすべきか、太政官に再度上申して判断を仰ぐこととなった。この上申を受けた太政官は天皇へ上奏、東大寺の申請通りとするようにとの勅答を得た。この結果を、天平神護三年二月、民部省を通じて伊賀国（同様の問題が起きていた越前・越中にも）と東大寺に通知することとなったのである。

二月十一日、民部省から、伊賀・越前・越中の各国に対して符《ふ》（下達文書）が発給された。内容は、東大寺から申請のあった各国の田について寺田として認定する、という通知である。諸国の田は、原則として公の土地である。また現実にその土地を耕作している人もいる。これを改めて寺の田と認定するのは、現地支配を担う国司にとっては大きな問題である。そのため、この文書における責任者は、民部少輔《しょうふ》の従五位下大伴宿禰潔足《おおとものすくねきよたり》、大録《だいろく》の三田毘登安麻呂《みたのひとやすまろ》すなわち次官と主典であり、さきの区分でいえば準重要案件ということになる。

その後、二月二十八日には民部省から東大寺三綱所《さんごうしょ》（東大寺の管理・運営を行う僧官の部署）に対し、さきの伊賀・越前・越中各国の東大寺田が確定した旨が通知されている。その際の文書の責任者は、民部大録の三田毘登安麻呂、少丞《しょうじょう》の大伴宿禰中主《なかぬし》、すなわち判官と主典である。東大寺の申請の通りとなったという、いわば単なる通知なので重要度は低いのだろう。さきの区分でいえば日常軽微な案件となる。

このように案件の重要性によって、四等官内の署名者、すなわち決裁の責任者が使い分けられ、業務が遂行されていた。特に繁忙な官司であれば、より実務能力の高い人間を配置しなくてはならない。人事を掌る式部省などは、奈良時代では特に有能な官人を充てていたことが知られる。またそれぞれの官司は、現代でいうところの行政官庁であるというだけではなく、所管内に対する裁判権も有していた。官人たちのこなすべき業務にはかなりの知識と体力が必要だったことだろう。

こうした業務を遂行する上では、当然種々の責任も伴う。例えば何か過失が発生した場合には、その直接の責任者を中心として四等官が連帯で責任を負うという制度になっていた。名例律《みょうれいりつ》40同司犯公坐条によれば、公務上の誤失の罪は、直接責任者から遡って、四等官の等ごとに一等ずつ減じ、次いで下僚に及ぶ仕組みが規定されている。例えば判官が責任者として罪が発生した場合（判官を①とする）、次にはその直接の上司である次官（②）、その次には長官（③）、そして最後に下僚の主典（④）と、①から④の順に一等ずつ減じた罪が科されることになっていた（公坐相承減《こうざそうしょうげん》）。なお、長官・次官の罪には下僚は連坐しない。つまり彼らは、官司内の責任者として多くの責任を負う立場にあったといえる。

いささか制度的な説明で堅い話になったが、ここまでの話を大まかにまとめれば、大宝・養老令制下では、官人には個々に位階が与えられ、所定年数の勤務実績によって昇進する体系が整えられていた（考選）。また官人たちは、それぞれが持つ位階に相当する官職に任ぜられる（官位相当）が、そのポストにおいては、相応の責任が課されることになる、というのが律令官人制の基本的な姿であったといえる。このように、官人たちが高い地位の官職につくためには、応分の位階を得るまで昇進しなくてはならないことはもちろんのこと、その職責に耐えうる能力や資質も必要であった。

3　家柄主義とのせめぎあい

†官人になる――出身

律令官人制は、個々人の能力や勤務態度が厳格に把握されるシステムを取っていたが、それでも官人たちにとって家柄は依然重要な問題であった。

官人になることを〝出身《しゅっしん》〟というが、この出身の方式は、家柄によって大きく三つの区分があった。

一つは、蔭子孫《おんしそん》である。大宝令では、親王・諸王などの皇親の子、五位以上の者の子や三位《さんみ》以上の者の子と孫は、蔭子孫といって、父や祖父の位階などに応じて従五位下《じゅごいげ》〜従八位下という蔭位《おんい》を叙されることになっていた（図表10）。たとえば長屋王《ながやおう》は、慶雲元年（七〇四）に无位《むい》から従四位下《じゅしいげ》に叙されているが、これは親王の子の蔭位に相当し、父の高市皇子《たけちのみこ》の蔭によって出身したことが確認できる。また蔭子孫は、二一歳になって任になければ、式部省へ送られて簡単な審査を受けることになる。審査の結果、「性識聡敏にして、儀容取るべき」すなわち性格や知能に申し分なく、容止も評価される、とみなされれば内舎人《うどねり》となることができ、それ以外は式部の判断によって大舎人《おおどねり》や東宮舎人に任ぜられる規定であった（軍防令46五位子孫条）。詳しくは次章で述べるが、トネリとは貴人の従者であり、内舎人や大舎人は天皇の、東宮舎人は皇太子の従者である。

二つ目は位子《いし》である。位子とは、内六〜八位の下級官人の嫡子を指す。彼らは二一歳以上で役任がない場合には、簡試《かんし》という試験を受けて上・中・下等に分けられることになる。上・下等は式部省へ送られ、上等は大舎人、下等は官司の下働きである使部《つかいべ》に任じられた。また中等は兵部省へ送られ、宮城を守る兵衛《ひょうえ》となった。上中下の基準は、「儀容端正にして、書算に工《たくみ》」すなわち容止が整っていて読み書き計算がよくできれば上等、「身材強幹にして、弓馬に便」すなわち身体がたくましく弓馬術に優れていれば中等、「身材劣弱にして、文算を識《し》らず」すなわち体も弱く読み書き計算もできない者が下等、である（軍防令47内六位条）。行政に用いる公文書を扱う上での読み書き、帳簿を扱う上での計算は、官人に求められる基本的な能力であった。都や、地方などで官人の存在が想定される場所では、論語や文選《もんぜん》、千字文《せんじもん》といった基礎的な漢籍を習書した木簡の出土が多々見られる。

　最後は白丁《はくてい》といって、蔭子孫や位子以外すべて、庶人も含んだ無位無官の者である。彼らが出身しようとする場合、基本的には、帳《ちょう》内《ない》や資人《しじん》という皇族や貴族の従者となるか、国衙や中央官司の雑仕などとなるほかない。なお、郡司のうち大少領の子や、内六位以下八位以上の庶子は、兵衛に任ぜられる資格を

父祖	嫡子	庶子	嫡孫	庶孫
親王	従四位下		—	—
諸王	従五位下		—	—
	※親王として出身の場合は四品以上、諸王として出身の場合は五位以上、五世王として出身の場合は従五位下			
五世王	正六位上	正六位下	—	—
一位	従五位下	正六位上	正六位上	正六位下
二位	正六位下	従六位上	従六位上	従六位下
三位	従六位上	従六位下	従六位下	正七位上
正四位	正七位下	従七位上	—	—
従四位	従七位上	従七位下	—	—
正五位	正八位下	従八位上	—	—
従五位	従八位上	従八位下	—	—

図表10　蔭位表

持つなど、白丁という区分の中ではやや別格の扱いを受けている。

以上を大まかに見ても、基本的に官人の子は官人になりやすいことが確認できるだろう。特に蔭子孫の場合は、父祖が三位以上の貴族であればいきなり六位を中心とした比較的高い位階からキャリアをスタートすることができる。また従五位の庶子の蔭位は従八位下とやや低いが、それでも最下位の少初位下《しょうそいげ》からキャリアを始めるとすると、従八位下に到達するには、令制の内長上《ないちょうじょう》で六年一選に一階ずつの昇進と計算すると二四年、内分番《ないぶんばん》の八年一選であれば三二年かかる。つまり、きわめて単純化すれば、蔭子孫は昇進面で二〇～三〇年分は得をしている計算になる。律令の本家本元である唐では、最高位の一品の嫡子でも蔭で得られる官は正七品上であった。このことと比較すると、日本の蔭位が著しく高く設定されていることが分かるだろう。唐では、制度上は科挙《かきょ》が存在し、能力によって広く人材を集めることになっているので、父祖の蔭による優遇は日本と比べると低い。

ただ、一点補足しておきたいのは、唐でも実は門閥貴族の力が非常に強かったという点である。唐王朝の支配集団は、北朝以来の関隴《かんろう》貴族、南朝貴族、漢族系の山東貴族という貴族集団が支配者層を形成して幅を利かせていた。これを抑える皇帝直属の官僚を採用するために、隋代に導入されたのが科挙である。しかし隋代でも合格者は年に数名、つづく唐代初期でも科挙によって登用された官僚は決して多くない。日本でいう内一位〜八位の、四等官クラスを構成するような官人のことを、唐では流内官《りゅうないかん》というが、毎年科挙合格者として流内官となるものは唐中末期でも一〇%以下であったとみられている〔礪波二〇一二〕。遣唐留学生として唐に渡り、玄宗に仕えたことで知られる阿倍仲麻呂なども、科挙によって登用されたとする説もあるが、最近では玄宗をめぐる人脈の中で登用されたとみる説も有力視される〔森二〇一九〕。唐王朝とはいえ、皇帝や貴族をめぐるコネや人脈が人事に強い影響を及ぼしていた可能性を示している。則天武后期や安史の乱以後など、貴族層が力を落とす時期には、科挙官僚が政界の中枢に進出するようになるが、科挙によって採用された人材が本格的に官僚の中心として定着するのは宋代のことである。つまり、そもそも日本の律令が手本とした隋唐律令が、貴族制的な色彩が濃いということになる。日本ではそれをベースにしつつ、より家柄が重視されるような制度を構築したといえよう。

†官人養成

律令官司機構の中で、正式に官人を養成する官があった。式部省の被官として設置された、大学寮《だいがくりょう》である。大学寮は大学頭《だいがくのかみ》以下の行政官、博士《はかせ》以下の教官からなる官人養成機関で、令制では本科《ほんか》（経書《けいしょ》すなわち儒教の経典を学ぶ）の学生《がくしょう》四〇〇人、数学専攻の算生《さんしょう》三〇人を置く規定となっていた。本科で儒教を学ぶのは、律令制の支配理念が儒教的な社会秩序に基づいているためである。ごく単純化していえば、尊卑長幼といって身分や年齢の上下に基づいて、下位者は上位者を敬い、上位者は下位者にいつくしみの心で接することが社会の秩序を形成する。こうしてすべての人々が父母などの尊属を敬い、先祖を大切に祀って代々父系で家を伝えて社会の礎とすることが、目指すべき文明的な社会であった。国家でいえば、上下の身分秩序はもちろん、君主が臣下や民衆をいつくしむことでその統治が正当なものとなる。君主の手足となる官人にとっても、まず学ぶべき基本の思想であった。これをベースとしてその後、漢文学や中国史を学ぶ文章《もんじょう》科や、法律を学ぶ明法《みょうぼう》科が新設されて、多様な能力の官人養成を担うことのできる機関へと整備されていった。

大学への入学資格は、五位以上の子孫すなわち蔭子孫に加え、東西史部《ふひとべ》という代々文筆を掌ってきた渡来系氏族の子、さらに八位以上の子で特に希望する者にも入学が認められた。令制では、学生たちは毎年課される歳試《さいし》などの課題をクリアしなくてはならず、歳試は三回の落第で退学となり、在学期間が九年になると退学処分となるなど厳しいハードルが設けられていた（学令《がくりょう》8先読公文条）。こうした課題をクリアして卒業し、さらに式部省の試験にも合格すると正八位上《しょうはちいじょう》に叙され、晴れて官人となることができた。ただし入学資格者のうち蔭子孫は、入学しても成績の良しあしに関係なく二一歳以上になれば舎人となって官人の道を歩み始めることになる。さらにたいていの場合、大学を出て獲得する位よりも蔭位でもらう位階の方が高い。こうしたことから基本的に貴族子弟の大学へのニーズは、おのずと低調とならざるを得ない。国家の側も、蔭子孫や位子で任官できずに式部省に留まっている者については年齢に関わらず大学寮への入学を義務化する方策（『続日本紀』天平十一年八月丙子条）などを打ち出すものの、結局五位以上貴族の子弟にとっては自宅などでの典籍学習が多かっただろうとみられている。大学寮は貴族子弟よりも、東西史部の子や、中・下級官人の子である位子などにとってメリットが大きく、明経《みょうぎょう》・算・文章道などの専門家たる中・下級官人を養成する性格を強めていった。

†出身後のキャリア

出身区分によって、その後のキャリアも全く異なっている。蔭位は内舎人《うどねり》（天皇の身の回りに供奉する）またはその他のトネリ（トネリについては次章参照）を経て、四等官《しとうかん》のうち判官《はんがんじょう》あるいは次官《じかんすけ》クラスに任ぜられるのが通例である。内舎人を経由するというのは、天武二年（六七三）に制定された、官人となるものはまず大舎人《おおどねり》として出仕し、その後才能などをみて適所に配置する、という制度に淵源する。天皇の身の回りで官人としての見習い勤務をさせると同時に、天皇に直接奉仕させることで忠誠心の涵養を図ったものだろう。

これに対して位子・白丁は、先に見たようなポストでの勤務ののち、四等官よりも下の史生《ししょう》といった雑任《ぞうにん》クラスを経ることになる。そうした中で少しずつ位階を上げてゆき、ようやく四等官の四番目の主典クラスに任ぜられる。その後うまくすれば判官クラスにも進むことができるが、そこまで昇進する例はあまり多くなかったとみられる。

昇進ルートを整理すると、

蔭子孫　内舎人 ——→ 判官・次官
　　　　その他のトネリ ——→ 判官（一部、主典の場合もある）
位子・白丁　その他のトネリ → 史生 → 主典

といった形になり（土田一九九二）、出身区分によって昇進スピードに歴然とした差があることが読み取られる。

　ちなみに下級官人のキャリアについて、平城宮から出土した木簡の削屑に「ム郡司□〔解〕」「□□〔ム国〕司移　□□〔ム国カ〕」などといったものが出土している。「ム」は「某」のことで、これらは地方で使われる公文書の書き方を練習した痕跡だと考えられる。現代でも内閣府で都道府県の公文書が作成されることがないように、平城宮でこうした諸国が主体となる文書が書かれることは基本的にありえない。つまりこれらは都で働く下級官人が、きたるべき地方勤務を想定して練習したものとみられ、在京下級官から諸国目《さかん》・史生を経てふたたび在京官人に任用されるようなルートもあったと考えられている〔鈴木一九九二〕。

　たとえば大伴家持《おおとものやかもち》が越中守《かみ》として赴任していた天平十八年（七四六）からの六年、越中国司の顔ぶれとしては、守で従五位下の家持、介《すけ》で正六位上の内蔵縄麻呂《くらのただまろ》、掾《じょう》の大伴池《いけ》主《ぬし》・久米広縄《くめのひろただ》、大目《だいさかん》の秦八千島《はたのやちしま》、少目《しょうさかん》の秦石竹《いわたけ》、史生で従八位下の尾張小咋《おわりのおくい》といった名が『万葉集』などから確認できる。彼らは、官位相当からいえば掾が七位、目は八位である。そして、国司は守から史生に至るまで、全て中央から派遣される官人である。このように七位や八位の下級官人も全国転勤の可能性があり、地方官も一体化しながら人事が回っていた。しかし、このうち秦石竹などは、藤原仲麻呂の乱（第三章参照）という政変のお蔭

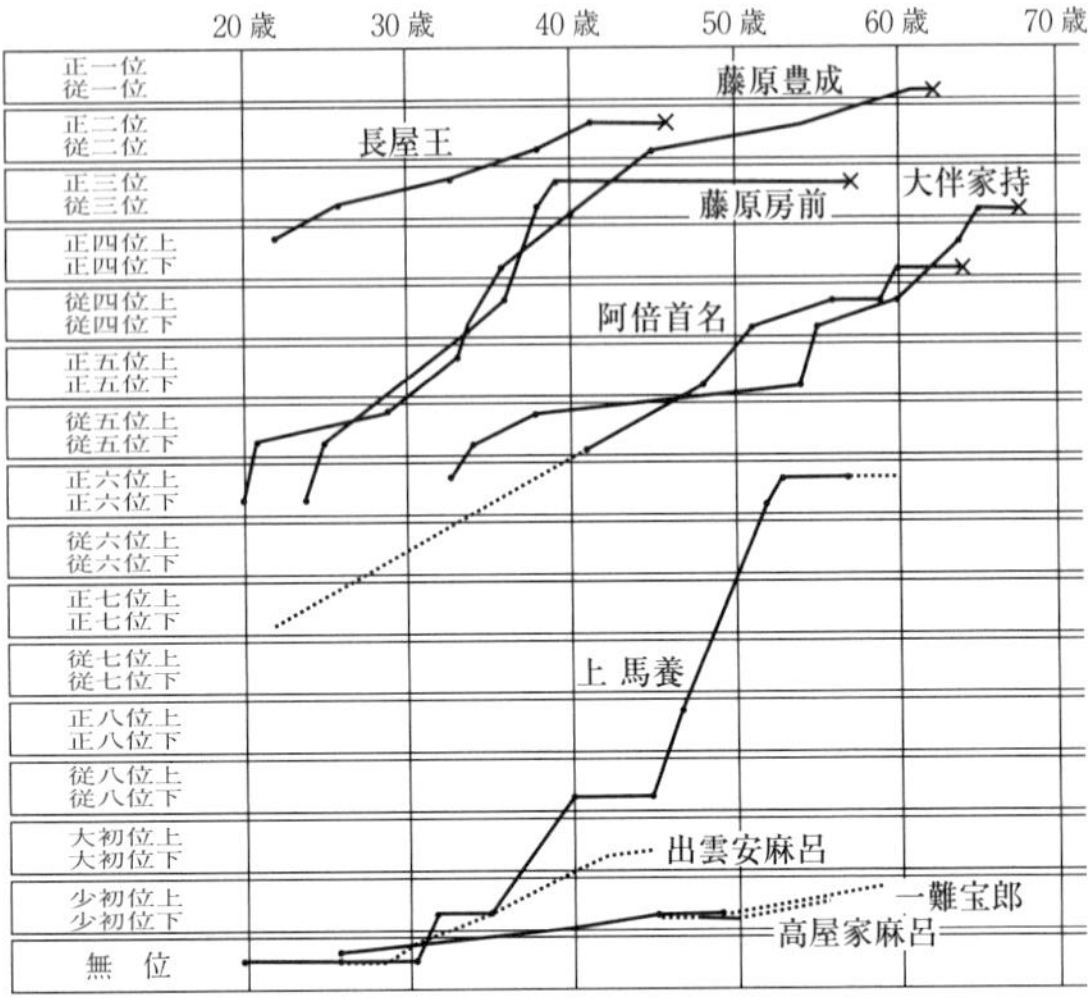

図表11　官人の昇進状況
（奈良文化財研究所編集発行『平城宮跡資料館図録』2001年を改変）

で幸運にも外従五位下に昇ることになったが、国司の掾や目たちのその後はほとんど不明である。正史である『続日本紀』には原則として五位以上の人物しか記載されないことによるが、言い換えれば六位以下でその一生を終えた人々が大半だったのである。

ともあれ、通常の昇進では高位高官に昇ることは難しいが、貴族の子弟にははじめからその道が用意されていた。その意味では、純粋な官僚制ではなく貴族の門閥のようなものが強く生きているともいえる。そこで、官人たちの昇進のグラフを見ていただこう（図表11）。異なる時代に生きた人々を並べたものである点には注意が必要だが、それでも家柄によって地位にかなりの差が出ている様子を見て取ることができる。

下位の方に目を向けると、高屋家麻呂《たかやのやかまろ》という人物がみえる。式部省跡出土木簡に、

・陰陽寮

・少初位下高屋連家麻呂年五十右京　六考日并千九十九六年中

（『平城宮発掘調査出土木簡概報』六）

とみえる通り、彼は五〇歳で少初位下という最下位の位階にある人物であった。おそらく、下級官人の多くはこうした人々で占められていたのであろう。ただ、定年はないのでその気になれば死ぬまで働くことは可能であった。なお下級官人でも、上馬養《かみのうまかい》などは五〇歳を境に八位から六位へと昇進している。馬養の場合は、東大寺写経所の運営実務の中心を担った功績があって比較的高い位に昇っているが、こうした出世はかなり異例のことであったと言ってよい。

一方、上級貴族に目を向けると、同じ五〇歳の時点では、藤原氏の房前《ふささき》は正三位、豊成《とよなり》は従二位とかなり高い位階を持っている。中堅の氏族でも、阿倍首名《おびとな》が五〇歳時点で正五

位上から従四位下へ昇進する前後であるから、貴族として少しずつ地位を上昇させていくような年頃であったことがうかがえる。

†大伴家持の不遇と奈良時代半ばの政治動向

ところでさきのグラフをみると、大伴家持が従五位上で二〇年近く滞留していることに気づく。大伴氏といえば七世紀以前からの伝統を持ち、八世紀初頭の議政官にも名を連ねる名門貴族である。家持はそんな大伴氏の貴公子ともいえるが、その彼がなぜ貴族の末端に近いところで止められたのか。ここで少し、奈良時代半ばの政治動向をたどりつつ、家持や大伴氏の置かれた状況を考えてみたい。

藤原氏は、さきに述べたように不比等の息子四兄弟全員が議政官となる大躍進を遂げたものの、四人とも天平九年（七三七）の天然痘で亡くなってしまう。九州から流行の始まった疫病は都にも蔓延して猛威を振るい、多くの人が命を落とした。『続日本紀』は「公《く》卿《ぎょう》以下、天下の百姓《ひゃくせい》、相次いで没死すること、勝計《しょうけい》すべからず」（天平九年是歳条）と述べている。議政官では、藤原四子のほか中納言の多治比《たじ》県守《ひのあがたもり》も亡くなっている。

その翌年正月に、聖武天皇と光明皇后の娘である阿倍内親王（のちの孝謙・称徳天皇）

が皇太子に立てられたが、同じ日に行われた人事異動では、知太政官事鈴鹿王《すずかおう》が正三位に昇叙されたことに加え、大納言従三位であった橘諸兄《たちばなのもろえ》が、右大臣正三位へと昇任・昇叙されている。前年に参議から大納言に飛び級で昇任されたばかりであったので、大抜擢に次ぐ大抜擢である。そもそも諸兄は、光明皇后の同母兄であり、天平元年の光明立后直後には、太政官の事務方の中核である左大弁《さだいべん》に任ぜられているように、光明皇后を支える役割を担っていたとみられる。今回も、娘の阿倍内親王を支えるべく期待された部分が大きかったのであろう。これ以後、橘諸兄が政権の中心となる。

諸兄政権下では藤原氏からも、武智麻呂の嫡男である豊成が諸兄の次席として活躍するものの、武智麻呂政権期と比較すると明らかに勢いを落としている感は否めない。かたや橘氏に目を向けると、諸兄は天平十一年正月には従二位に昇って最上位となっている。その息子の奈良麻呂《ならまろ》も、天平十二年五月に聖武天皇が諸兄の相楽別業《さがらかべつぎょう》に行幸した際に無位から従五位下に叙せられるなど、親子ともども恩寵を賜っていた。またその他の人々では、この時期には橘諸兄はもちろん、吉備真備《きびのまきび》や僧の玄昉《げんぼう》といった、入唐経験者で聖武天皇たちの信頼の厚かったものが大きな影響力を持っていたらしく、藤原氏はその陰に隠れてあまりぱっとしない。さらに天平十二年には、こうした諸兄政権に不満を持つ藤原広嗣《ひろつぐ》が九州で反乱を起こすなど、この時期の藤原氏には少し影がさしているといえよう。

その後、藤原氏からは天平十五年に豊成の弟である仲麻呂《なかまろ》が、天平二十年・二十一年に房前の息子である八束《やつか》・清河《きよかわ》が、といったように、光明子とゆかりの深い人物が議政官に入って少しずつ勢力を回復してゆくものの、議政官全体ではむしろ伝統的有力豪族も徐々に増えている。聖武から孝謙への譲位が行われた天平勝宝元年（七四九）の議政官は、左大臣（橘諸兄）、右大臣（藤原豊成）、大納言（巨勢奈弖麻呂《こせのなてまろ》、藤原仲麻呂）、中納言（石上乙麻呂《いそのかみのおとまろ》、紀麻路《きのまろ》、多治比広足《たじひのひろたり》）、参議（石川年足《いしかわのとしたり》、藤原八束、大伴兄麻呂《えまろ》、橘奈良麻呂《ならまろ》、藤原清河）と、氏族のバランスに配慮された人事が復活している。

さてそんな中で橘諸兄は、孝謙朝の天平勝宝八歳（七五六）二月、聖武太上天皇が不予《ふよ》に陥った際、酒席で無礼な言動があったとして密告される。聖武はこのことを許したものの、結局諸兄は官職を辞さざるを得なくなり、翌天平勝宝九歳にはそのまま亡くなってしまう。その後は光明皇太后の後ろ盾と、皇太子大炊王《おおいおう》（のちの淳仁天皇）を抱えた藤原仲麻呂が政界の中心となり、次第に仲麻呂個人とその周辺に権勢が集まるようになってゆく。

これに不満を持った諸兄の息子である橘奈良麻呂が、孝謙・大炊王・仲麻呂を排除し、塩焼王《しおやきおう》、道祖王《ふなどおう》、黄文王《きぶみおう》・安宿王《あすかべおう》といった別の王族を皇位継承の候補に立てるというクーデターを計画する。しかしあえなく露見し、密告によって捕らえられた奈良麻呂は杖下に死することになる（橘奈良麻呂の乱）。なおこの藤原仲麻呂排除計画ともいえる事件には、仲麻呂の兄である豊成も連坐している。いかに仲麻呂中心の政権構成であったかを示唆していよう。

そして、この橘奈良麻呂の乱が、大伴氏にとってもより不利な状況へとつながってしまう。一族から、大伴古麻呂《こまろ》らが連坐してしまったのである。

古麻呂は、遣唐使として中国に派遣され、唐皇帝の眼前で新羅との座次争いを繰り広げるなど国際社会でも活躍した人物であったが、奈良麻呂の謀議に関知していたとして、陸奥へ左遷されることとなった。しかもその途上で不破関《ふわのせき》を塞いで反乱を起こそうとして発覚、捕らえられて拷問の末に亡くなった。また大伴氏からは、古慈斐《こしび》・兄人《えひと》・池主といった者たちも連坐した。大伴古慈斐は当時土佐守であったが、そのまま任地での流罪処分となり、宝亀元年（七七〇）に復権するまで不遇を囲うこととなる。兄人・池主は捕えられて以後の消息は不明である。大伴氏では兄麻呂が仲麻呂政権でも参議・紫微大弼《しびだいひつ》として活動しており、仲麻呂に近しい立場にあったとみられるが、大伴氏全体としてみれば、どうにも立場が弱い。何より家持も、天平宝字七年（七六三）には仲麻呂暗殺の謀議に加わっており、反仲麻呂の立場であった。家持の昇進がストップする四〇代は、まさにこの橘奈良麻呂の乱から仲麻呂政権の時期に相当する。

さきに述べたように、五位以上の位階は勅授なので、天皇の裁量による部分が大きい。六位以下では殊功などがないかぎりは、官人制の原理に従って勤務評定を積み重ねて昇進するが、五位以上では名門貴族であることや、その時々の有力者の周辺であるほど有利になるという仕組みになっていたといえる。

†官人制と氏族秩序

このように、政治的なポジションは官人たちのキャリアを大きく左右するものであった。そうした政治的ポジションは、その時々の情勢によっても変わるが、その根底にあるのはやはり家柄であった。

少しさかのぼるが、神亀五年(七二八)に出された新たな制度、内・外階制についてみてみよう。通常の昇進のはしごであれば、六位の次は五位である。しかし、大宝律令が施行されて三〇年になろうとしていたこの頃になると官人の数が増加しており、うっかりすると五位に上る者ばかりとなってしまう。そこで、六位から五位へ昇進するルートは多治比などの皇親氏族や、藤原・石川・阿倍・巨勢・大伴といった名門氏族に限定し（内階コース）、それ以外は六位の次には外《げ》五位へ進むようにしたのである（外階コース）。これは、一部の名門貴族以外は、純粋な貴族身分である五位を獲得するまでの間に、外正五位上〜外従五位下の四階分が追加されたことになり、昇進スピードに影響をもたらした。さらに外位はもともと地方豪族に与えられるもので、本来は外五位から上はなかった。しかしここで外五位が内五位に接続するようになったことで、地方の豪族たちも制度上内五位を獲得できる可能性が生じる。中央の、さして家柄の高くない豪族たちは、地方の豪族たちとの競合にもさらされることになるのである。

この神亀五年の措置で、家柄によって明確に内階と外階が区別されていたように、律令制の中では個人の能力を重視する以外に、家柄重視というわば前時代的な要素が色濃く残っている。ただ、念のため付け加えておくと、家柄重視と官僚制とは決して矛盾するわけではない。官僚とはマニュアルに則って業務に従事する存在であることが第一であって、採用方法や出自の如何は前近代の官僚制にとっては本質的な問題ではない。それでは、結局のところ家柄と個人の能力のいずれが重要であったのだろうか。ここでもう少し時間をさかのぼって、大宝令が制定されるよりも前の状況を見てみよう。

天智《てんじ》三年（六六四）には、冠位の数が二十六階へと改正されている。その時のことについて記した『日本書紀』の同年二月丁亥条には、冠位の改正と同じ日に「大氏の氏上《うじのかみ》には大刀を賜い、小氏の氏上には小刀を賜う。それ伴造らの氏上には干楯《たて》・弓矢を賜」ったと述べている。氏族のトップである氏上に対して、その象徴となる刀などの武器を授けたということである。この時点で、各氏族の誰がトップにあるのかを、国家が明確に把握しようとしたことを示す。しかもそれが冠位の改正と同時に行われているということは、もともとバラバラに存在していた諸豪族を官人秩序に編成するにあたって、各豪族のリーダーを抑えてゆく必要があったことを示している。言い方を変えれば、各豪族のリーダーを介して、間接的に統制を取ろうとしていたのである。

その後、天武朝に編纂が命ぜられた浄御原令《きよみはらりよう》は、天武の后でその跡を継いだ持統の治世に完成・施行された。その間の、氏族秩序と官人制の関係の変遷をみてみよう。

『日本書紀』天武天皇十一年（六八二）八月癸未には、

詔《みことのり》して曰わく、凡《およ》そ諸《もろもろ》の考選すべき者は、能《よ》くその族姓および景迹《けいじやく》を検じ、方《まさ》に後に考せよ。若し景迹行能灼然《じやくねん》といえども、其の族姓定まらざるは、考選の色にあらず。

とある。「景迹行能」をチェックする、すなわち勤務評定を実施する旨が述べられているが、それ以前に氏素性のはっきりしない者は考選の対象とはしない、と述べているのである。

その後、『日本書紀』持統四年(六九〇)四月庚申条には以下のようにある。

詔して曰わく、百官人《ひゃくかんじん》および畿内人、有位は六年を限り、無位は七年を限り、その上日をもって、九等に選定せよ。四等以上は、考仕令《こうしりょう》により、その善最・功能、氏姓の大小をもって、量りて冠位を授けよ。(後略)

この記事は、浄御原令が施行された後のことであり、浄御原令における考選の在り方を制したものである。考選の期限について、有位者は六年、無位は七年とあり、勤務評定によって九等の成績を与え、「善最の功能」すなわち勤務の実績と「氏姓の大小」によって冠位を授けるように、とある。つまり当時の冠位は、依然として勤務の実績のみならず、氏姓の大小すなわち家柄という、氏族秩序と密接に関わるものであった。ただし天武十一年の、族姓が定まっていなければ考選の対象とはしない、すなわち家柄が勤務評定の必須条件であった段階と比べると、持統四年の詔では氏姓の大小はあくまでも評価基準の一つであり、僅かながらも家柄主義は一歩後退したといえる。

七世紀以来、カバネを有する氏族を官人秩序に再編することが国家的な課題であり、その中で、氏族そのものの性格や地位というものが根強く残ることは致し方ない。貴族たちの特権を残しつつ、一歩一歩着実に官僚制の構築を進めていった努力を読み取りたい。

第二章

官職に就けない官人

——散位の世界

1　散位とは何か

†官人ではない有位者

『日本書紀』持統四年（六九〇）四月庚申条に、気になる文言がある。前章でも挙げた史料だが、重要なので一部だけ再掲したい。

　詔《みことのり》して曰わく、百官人《ひゃくかんじん》および畿内人、有位は六年を限り、無位は七年を限り、その上日《じょうじつ》をもって、九等に選定せよ。（後略）

　官人の考選を実施する旨の詔だが、その対象は百官人・畿内人で、期間は有位が六年・無位が七年、とある。つまり、百官人以外の畿内の人間についても考選を実施する、ということになる。このことからすると、浄御原令《きよみはらりょう》の段階において官職に就いていない有位者がある程度存在しており、彼らの考選の扱いを定める必要が生じていたと考えられる。

それでは律令制下において、こうした位のみを有する人々の存在はどのように位置づけられていたのであろうか。

†増える有位者

前章でも見てきたように、律令制には官位相当《かんいそうとう》の原則があり、官人には位階が与えられ、その位階に応じた官職に任命されるシステムとなっていた。そんな中、意外に思われるかもしれないが、位階を得る機会というのは、実は官人として正規に出身《しゅつしん》する他にもいくつか存在している。

たとえば、戦乱において功績を挙げたものに対する褒章である。壬申《じんしん》の乱（六七二）に際して、天武天皇側の勢力の基盤となった地域の一つとして美濃国があるが、大宝二年（七〇二）の御野《みの》（美濃）国戸籍において位階を持った者が、耆老《きろう》という六六歳以上の年齢区分に属する高齢者などに多く見られる。彼らはかつて三〇〜四〇代で壬申の乱を戦い、その功績によって位が与えられた人々であったと考えられる。また八世紀になると、軍功を挙げた者には一等〜十二等の勲位《くんい》が与えられ、それをテコに官人や官人に準じる雑任《ぞうにん》などとして活動し、後に位階を得ることもできた。さらに、直接的な戦闘における功績だけではなく、たびたび戦争状態になる東北地方での城柵《じょうさく》といった国家の拠点造営への参加や軍粮の提供・運送なども、軍功の一種として勲位や位階が与えられたことも確認できる。加えて東北地方との関連では、国家に服属し、都などに朝貢してきた蝦夷にも位階が与えられた。こうして有位者が増加してゆき、八世紀末の陸奥国において位だけ持つ者が少なくとも三〇一三人いたという史料（『弘仁格抄《こうにんきゃくしょう》』）や、九世紀初頭の出羽国で五位の位を持つ蝦夷の存在を示す史料（『法曹類林《ほっそうるいりん》』）が残っている。

その他にも様々な叙位の機会がある。地方では、郡司《ぐんじ》に任命されると、それまで位階がなくとも大領《だいりょう》は外《げ》従八位上《じゅはちいじょう》、少領《しょうりょう》には外《げ》従八位下《じゅはちいげ》の位が与えられた。位階に基づいて官職が与えられるという律令官人制の原則とは逆転しているが、もともと位階を持っている者でなくとも、地域の有力者を郡司に任命し、位階を与えることで官人秩序に取り込もうという制度であったと考えられる。さらに天皇が地方に行幸《ぎょうこう》した際にも、その地域の有力者との関係を強化するため、たびたび叙位が行われた。また、祥瑞《しょうずい》を発見・献上した人や、義《ぎ》夫《ふ》・節婦《せっぷ》・孝子順孫《こうしじゅんそん》といった儒教の教えからみて模範となるような人物、私財をなげうって飢えた人々の救済や治水・灌漑事業といった社会事業を進めた者などへの褒賞としての叙位もあり、位階を獲得する機会は実に多様であった。

家柄重視の中、一般にも官人への門戸は閉ざされておらず、特殊な功績を挙げたものには立身の機会があった。こうして八〜九世紀を通じて位を持つ人の数が右肩上がりに増加し、日本列島全体に官人制が展開してゆくことになる。

†散位とはなにか

位階を獲得する機会が多様であるのに対して、官職の数は有限であった。第一章でみた中納言や参議といった、令制に規定がなく後で追加された官のことを令外官《りょうげのかん》という。ほかにも宮殿造営を担う造宮省など、令外官は随時設置されるものであった。こうした官の設置によって、ポストが増えることはある。とはいえそれにも限度があるし、結局増えたポストにも令制官司と兼務した人が配属させられることも多いので、ポストの純増とは必ずしもいえない。天平神護二年（七六六）には、諸国に設置された史生などについて「任に堪うる者衆《おお》し。人多く官少なし」と述べられているが（『続日本紀』同年五月乙丑条）、こうした状況は官僚機構全体に蔓延していたとみられる。

すると当然、位を持っていても官職に就くことのできない者が生じることとなる。こうした、位のみ有して官職にない官人のことを、大宝・養老令では、散位《さんに》という。

選叙令11散位条には、

凡《およ》そ散位、もし見官闕《げんかんけつ》なからん、闕ありといえども才職《さいしき》相当せざれば、六位以下、分《ぶん》番《ばん》して上下せよ。闕あらんごとに、おのおの本位によりて、才を量りて任用せよ。

（後略）

と規定されている。言葉を補いつつ意訳すると、〝散位は、ポストに欠員がない場合、あるいは欠員があっても、位階や能力の面で就任することが相応しくない場合、六位以下は散位寮《さんにりよう》という官司に分番（パートタイム）で出仕するように。そしてポストに空きが生じた際には、その人の位階に応じ、才能を量って任官させなさい〟、という規定である。散位寮とは式部省の被官で、文字通り散位を管理する官司である。

官職に就いていない場合、勤務実績が存在しないため、放っておくと考を得ることができず、その間のキャリアに穴が開くことになる。六年一選の場合、三年勤めた後に三年任官できない時期が続いてしまうと、勤務実績を評価するには三年分不足になるので、そのままでは勤務した三年分の実績もパアになってしまう。そうした問題を解消するために、散位寮に分番させ、臨時の使などの雑務に当てることで考を継続させる制度となっていた。また散位の中でも能力や身体面で劣る者は、式部省の判補によって諸司の使部《つかいべ》に充てられることも規定されていた（選叙令24散位身才条）。区分上は内分番となるので選までの年季は延びるものの（五三頁図表7）、官人たちが安定してキャリアを継続することができるような制度設計がなされていたことが分かる。

官人の数が奈良時代を通じて右肩上がりに増加してゆく中、順調に官職にあり続けてキャリアをつなぐことのできた人のほうが少なかっただろう。正倉院文書から一例を挙げると、天平宝字六年（七六二）に四〇歳であった下道主《しものみちぬし》という人は、この時に散位従八位下であった。彼の経歴は、二三年の勤務を重ねてきているが、うち一八年が紫微中台舎人《しびちゅうだいとねり》、あとの五年は散位寮での分番であった（造石山院所労劇文）。その後どうにか史生や主典になることができたらしく、六五歳となった延暦六年（七八七）には正六位上で造寺司少判官《ぞうじししょうはんがん》となっていたことが確認できる（東大寺使解）。下級官人としては比較的恵まれた部類とみられるが、そんな彼でも散位となる期間は避けられなかったのである。

なお選叙令11の規定では「六位以下」とあったように、こうした対応は六位以下に限定的である。五位以上は、散位となっても長上《ちょうじょう》すなわちフルタイムの扱いのまま、キャリアを継続することができた。ここでも、五位を境にした身分的な格差が顕著に表れている。

ともあれ、パートタイムとはいえキャリアを続けさせてくれるのだから、大変親切な制度設計にも思われる。ただ、一つ落とし穴があった。それが給与の問題である。

†官人の定義と給与

官人とは、狭義には〝官にある人〟すなわち官職にある人を指す。もう少し正確に言うと、令の中でも官位令《かんいりよう》という編目に規定された、官位相当の設定があるおおよそ諸司四等《しとう》官《かん》以上のポスト（職事《しきじ》官《かん》）に就いているものが官人である。ただ、四等官以外についても、諸官司には史生《ししよう》といった雑任たちが多数所属しているし、官人がそのキャリアのはじめに見習い的に勤務する舎人《とねり》といったポスト（舎人については次節を参照）もあった。彼らも含めて広義の官人として理解されている。

律令官人の給与については図表12も適宜参照していただきたいが、基本的な構造としては身分給と職務給の二本立てになっている。身分給は、食封《じきふ》（親王は品封、貴族は位封）や位禄《いろく》といったもので、土地と人をある人物に割りあて、そこからの税収を当人の収入とする制度である。律令制以前に有力豪族が所有していた私地・私有民を律令制成立期に収公

位階	品封・位封（戸）	位禄 絁（疋）	位禄 綿（屯）	位禄 布（端）	位禄 庸布（常）	品田・位田（町）	帳内（人）	資人（位分）（人）	春夏の季禄（二月） 絁（疋）	春夏の季禄（二月） 糸（絇）	春夏の季禄（二月） 布（端）	春夏の季禄（二月） 鍬（口）	秋冬の季禄（八月） 絁（疋）	秋冬の季禄（八月） 綿（屯）	秋冬の季禄（八月） 布（端）	秋冬の季禄（八月） 鉄（廷）
一品	八〇〇					八〇	一六〇									
二品	六〇〇					六〇	一四〇									
三品	四〇〇					五〇	一二〇									
四品	三〇〇					四〇	一〇〇									
正一位	三〇〇					八〇		一〇〇	三〇	三〇	一〇〇	一四〇	三〇	三〇	一〇〇	五六
従一位	二六〇					七四		一〇〇	三〇	三〇	一〇〇	一四〇	三〇	三〇	一〇〇	五六
正二位	二〇〇					六〇		八〇	二〇	二〇	六〇	一〇〇	二〇	二〇	六〇	四〇
従二位	一七〇					五四		八〇	二〇	二〇	六〇	一〇〇	二〇	二〇	六〇	四〇
正三位	一三〇					四〇		六〇	一四	一四	四二	八〇	一四	一四	四二	三〇
従三位	一〇〇					三四		六〇	一二	一二	三六	六〇	一二	一二	三六	二四
正四位		一〇	一〇	五〇	三六〇	二四		四〇	八	八	二二	四〇	八	八	二二	一六
従四位		八	八	四三	三〇〇	二〇		三五	七	七	一八	三〇	七	七	一八	一二
正五位		六	六	三六	二四〇	一二		二五	五	五	一二	二〇	五	五	一二	八
従五位		四	四	二九	一八〇	八		二〇	四	四	一〇	二〇	四	四	一〇	八
正六位									三	三	五	一五	三	三	五	六
従六位									三	三	四	一五	三	三	四	六
正七位									二	二	四	一五	二	二	四	六
従七位									二	二	三	一五	二	二	三	六
正八位									一	一	三	一五	一	一	三	六
従八位									一	一	三	一〇	一	一	三	四
大初位									一	一	二	一〇	一	一	二	四
少初位									一	一	二	五	一	一	二	二

図表12　養老令における官人の待遇
（吉川弘文館編集部編『日本史必携』吉川弘文館、2006年）

し、代りに給与の支給という形に切り替えたことに淵源する。五位以上官人を対象とした、働かなくとも与えられる、身分に対する給与である。他にも身分に関わるものとしては、親王や五位以上官人に与えられる品田《ほんでん》や位田《いでん》などもある。一方、職務給は労働に対する報酬であり、全位階の官人を対象として、春夏二回支給される季禄《きろく》というものが設定されていた。ただしこの支給対象は「在京文武職事、および大宰・壱岐・対馬」（禄令1給季禄条）であり、京内で職事官に就いている者、地方官のうち大宰府・壱岐・対馬の官人のみ（通常の国司は諸国の財源から支給されるので別枠）である。なお、職事官以外では、舎人などは例外的に季禄の支給対象であった。禄令《ろくりょう》3内舎人条には、

凡そ内舎人《うどねり》および別勅《べっちょく》に才伎《さいぎ》をもって諸司に長上するは、みな当司の判官《じょう》以下の禄に准ぜよ。それ位主典《さかん》以上なれば、少判官に准じ、以外は並びに大主典に准ぜよ。

とあるように、内舎人や特殊な才能をもって官司に所属し、フルタイムで勤務している者については、位に応じて判官以下相当の禄を支給するよう規定されている。

このように幅広い範囲の官人が給与支給対象になるとはいえ、やはりポストになければ季禄は発生しない。つまり位階を有する官人身分ではありながらも、官職に就いていない散位たちは、五位以上であれば食封や位禄を受給できるが、六位以下には給与を受ける資格がないのである。主に位子や白丁など、家が裕福ではない人にはかなり厳しいだろう。

そして実際には、これまでみてきたように散位として過さざるをえない官人も多かった。すると当然、六位以下の散位たちは、生活のために活動の場を求めてゆくことになる。

†写経所勤め

その一つが、写経所への出仕である。奈良時代には国家的なプロジェクトとして、東大寺を中心に大規模な写経がたびたび行われた。その写経に、写経生《しゃきょうしょう》などとして出仕して身銭を稼いでいたのである。写経所《しゃきょうしょ》は令外官司《りょうげのかんし》、すなわち律令には規定されていないながらも公的機関として設置された部局であり、写経はある意味あぶれた官人のための公共事業という側面も見出せるかもしれない。

写経生への給与は、布施《ふせ》という形で支払われるが、布施は出来高払いであった。つまり、どの程度の分量を写経したかによって給料が変わる。さらに、写経後には校生《こうしょう》による校正作業が行われ、文字の写し間違いや脱字が発覚すると、その量に応じて減給される仕組みであった。

毎年秋の正倉院展などに行くと、写経の展示箇所ではだいたい「字がきれい」、「間違えたらどうするんだろう」といった感想が漏れ聞こえてくる。端正な字でびっしりと書かれた経典は、見る者に強いインパクトを与える（図表13）。しかしあまり気づかれていないが、目を凝らして写経をみてみると、文字の周りがぼんやり黒ずんでいる箇所が見られる

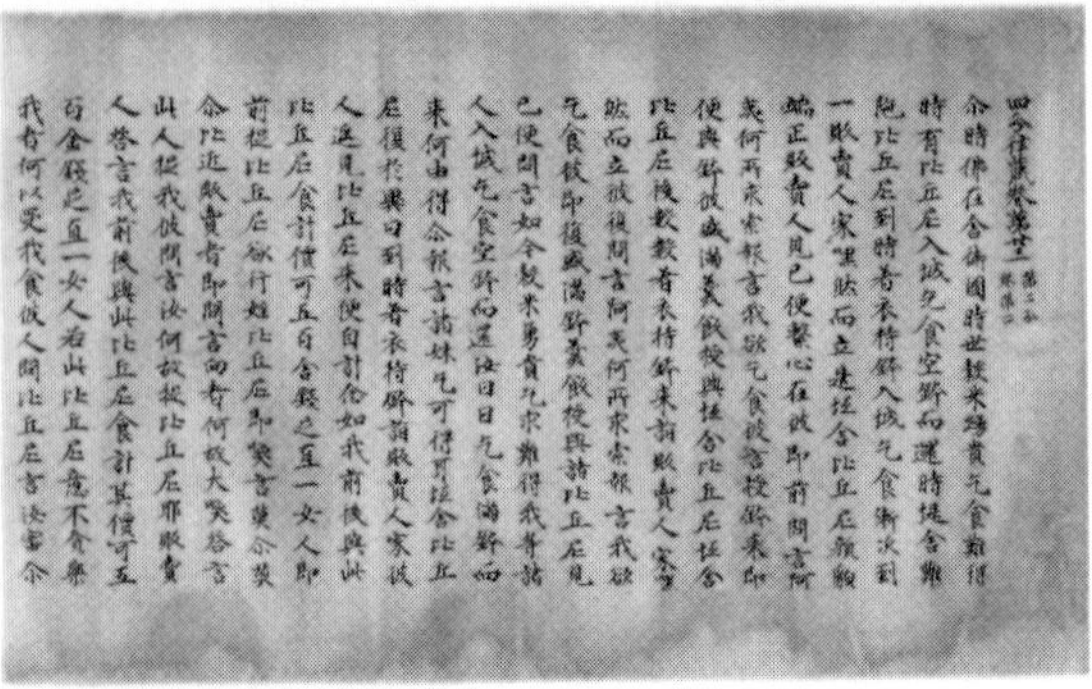

図表13　四分律

（正倉院宝物）

場合がある。誤字を訂正した擦り消ちの跡である。刀子《とうす》で紙面をうまく削って字を書きなおすのである。もっとも、上手く削っても木簡のようにまっさらな木地が出てくるわけではない。見た目はどうしても汚くなってしまうので、一文字でも間違うと写経生は減給の対象となる。また、誤字脱字が多くなってきたり、一行写し忘れたりすると、擦り消ちでは訂正が効かないので、その紙全てを書き直しせざるを得なくなる。当然、減給の幅も大きくなる。減給の基準としては、たとえば一行の脱落は写経紙四張分、五文字の脱字は一張分、誤字は二〇字で一張分の減給、といった具合である。

　こうした写経はかなりシビアな作業であったと思われ、正倉院文書には写経生たちの請假解《しょうかげ》

（欠勤届）がいくつか残されている。欠勤の事由としては、親の看病や喪といった家族にかかわるもの、あるいは痢病など本人の体調などによるものがよくみられる。面白いのは、そうした中に二日酔いを理由とするものが含まれている点である。間違いがあってはいけないシビアな現場にあって、到底ふらふらした状態では務まらなかったのだろう。

そんな写経事業に出向していた散位も、基本的には散位寮の管下にあった。東大寺正倉院に残された古文書から、いくつか事例をみてみよう。

天平宝字四年（七六〇）の「御願経奉写等雑文案」には、次のようにある。

造東大寺司移《い》す散位寮
散位正八位上秦忌寸太棗《はたのいみきおおなつめ》
右、太師《だいし》（藤原仲麻呂《ふじわらのなかまろ》）の去る正月十一日の宣《せん》により、御願経《ごがんきょう》を奉写《ほうしゃ》せしめんとすること件の如し、以て移す
天平宝字四年二月
造東大寺司移す左大舎〔人脱〕寮
舎人少初位上広田連毛人《ひろたのむらじえみし》

右、太師の去る正月十一日の宣により、□経を奉写せしめんがため、請うところ件の如し、

ここには二通の文書が挙がっているが、いずれも藤原仲麻呂の命によって開始された写経事業について、造東大寺司が発給した文書の案文《あんもん》である。前者は、造東大寺司が散位寮に対して、散位正八位上の秦忌寸太棗という人物を写経所に配置した旨を報告したもの、後者は、左大舎人寮に対して舎人少初位上の広田連毛人を写経用の人員として要求する、というものである。散位の管理を担うのが散位寮、舎人の管理を担うのが左右大舎人寮であるので、内容的にはいずれも、それぞれの官人の所属官司（本司《ほんし》という）に対して、その官人を写経に出向させることを通知したものである。

また、年月未詳、皇后宮職《こうごうぐうしき》移（案）では、散位従七位下の辛由首《からのよしくび》という者から〝眼精疲労がひどく、筆を取るのに堪えられないので、任を離れたい〟という希望があったことを、九月の上日（日勤七、夜勤六）とともに報告している。この文書の送り主は皇后宮職、送り先は散位寮となっている。つまり、散位が皇后宮職での任を離れるにあたって、散位の所属する本司である散位寮に対してその旨を報告した、ということである。

光明皇后の家政機関として設置された皇后宮職も、東大寺と並んで大きな写経事業を度々実施した官司であるが、それらの写経に奉仕した官人の勤務実績が散位寮に把握されているということは、彼らの考を管理する本司は散位寮であり、散位寮に所属する散位として写経事業へ出向していたことを示している。

人事の綱引き

こうした写経所に勤める散位をめぐって、面白い史料が正倉院文書の中に残っている。天平宝字二年（七五八）十月に、散位寮と東大寺写経所の間でやり取りされた文書群である。以下少し長いが、現代語に訳した形で四通の文書を挙げておこう。いずれも牒《ちょう》という、官司と寺院関係などでのやり取りに用いられる様式で書かれたものである。

①　散位寮から　東大寺写経所へ牒を送る
　後家河万呂《しりえのかわまろ》　十市和万呂《とおちのやまとまろ》　小治田乙成《おはりだのおとなり》
　右の三名は、今月二十五日に文部省《ぶんぶしょう》から出された宣によると、「坤宮官大弼《こんぐうかんだいひつ》巨勢卿《こせきょう》の宣によって、件の人等を儀仗旗製作のために急いで召喚せよ」ということである。今、書状をもって牒《ちょう》を送る。牒が届いた際には滞りなく執行するように。故　牒《ことさらにちょうす》。

天平宝字二年十月廿五日正六位上行大属長瀬連広□〔足〕

正六位上行助百済王「利善」（自署）

②

東大寺写経所から　散位寮へ牒を送ります

後家河万呂　十市和万呂　小治田乙成

右の三名について、散位寮から今日届いた牒によりますと、「今月二十五日に文部省から出された宣によると、坤宮官大弼巨勢卿の宣によって、件の人等を儀仗旗製作のために急いで召喚せよ」、とのことです。いただいた牒の内容に従って三名をそちらへお送りすべきではありますが、現在写経中ののが終っておらず、他の者の手を入れる訳にも参りません。三日間で作業を終わらせ、それから三名をそちらへ向かわせたいと存じます。以上の内容で、牒をお送りします。以　牒《もつてちょうす》。

天平宝字二年十月廿五日主典正八位上安都宿禰

③

散位寮から　東大寺写経所へ牒を送る

後家河万呂　十市和万呂　小治田弟成

牒を送る。今月二十五日にそちらから送られてきた牒によると、「三名をそちらへお送りすべきではありますが、現在写経中のものが終っておらず、他の者の手を入れる訳にも参りません。三日間で作業を終わらせ、それから三名をそちらへ向かわせたいと存じます」とのことである。この内容を上に伝えたところ、「写経の事は来年などに回しても良いが、今回の儀仗旗製作は期限がさし迫っている。そちらの作業を止めて、急いでこちらへ人を回すように」とのことであった。以上の内容で牒を送るので、その通りにするように。故牒。

天平宝字二年十月廿六日正六位上行大属長瀬連広〔足〕□

正六位上行助百済王「利善」（自署）　使丸部高山

④

東大寺写経所から　散位寮へ牒を送ります

そちらへお送りするべき人、合せて三人　一人見参　二人不参

後家河万呂

右の一人は、今月二十六日に、病により休暇を取って退下。

十市和万呂

右の一人は、今日の辰時に、文部省へ参向。
小治田乙成
右の一人は、見参。
以上、今日の牒旨によって、見参と不参の状況を報告します。以牒。
二年十月廿七日主典安都

問題となっているのは、後家河万呂・十市和万呂・小治田乙成という、写経所に出仕する三名の下級官人の配置である。①は、散位寮から東大寺写経所に対し、儀仗旗（儀式で用いる旗）を製作するためにこの三人をこちらへ寄越すように、との文書である。それに対して②では、東大寺写経所が、こちらでの作業にこの三人は動かせないので、三日待ってほしい、と猶予を求めている。散位寮は、③で、こちらの方が急ぎの仕事なので、すぐに寄越すようにと再度の追喚を行っている。最終的に④で、写経所から三名の現況が報告されている。

ここでいう儀仗旗は、淳仁天皇の大嘗祭《だいじょうさい》に用いる物かと推測されている（山本二〇〇二）。淳仁は、即位前から仲麻呂の田村第《たむらのだい》という邸宅に住んでいたことによく表れているように、時の権力者である藤原仲麻呂と一心同体といっても過言ではない存在である。その大嘗祭で用いる旗の製作には、仲麻呂ら権力中枢の肝煎事業といった意味合いもあったのだろう。事実、①には、散位寮は、坤宮官大弼の巨勢卿という人物（巨勢堺麻呂《さかいまろ》）の宣を受けた文部省（式部省がこの一時期改称されていたもの）の宣によって召喚を行ったとある。坤宮官は、光明皇太后の家政機関から出発した紫微中台《しびちゅうだい》を改組したもので、仲麻呂の強い影響下にあった。この坤宮官が、三名の召還を文部省―散位寮経由で東大寺写経所へ通達してきたのである。

ところで、現代語に訳した際、散位寮から東大寺写経所への文書は命令形で、東大寺写経所から散位寮へは敬語で訳した。これは文書の書留文言に基づいている。

現代でも、公的な書類には色々な様式（フォーマット）が使い分けられる。律令制のもとでも、官司同士が文書のやり取りを行う際、用途によって使うべき様式が異なっていた。上から下へ命令を伝達する場合は符《ふ》、下から上へは解《げ》、上下関係になければ移《い》、官人個人の上申や寺院とのやり取りには牒、という様式で書かなくてはならない。先の四通の文書の場合、散位寮は式部省に、東大寺写経所は東大寺に属するので、散位寮と写経所との間には本来的に上下関係はない。通常こうした上下関係のない間柄、かつ寺院が関わる場合

図表14　正倉院文書に残された落書
（正倉院宝物）

には、移の様式に則った牒で出すのが通例であった（移式準用牒）。そしてその場合の書留文言は「故牒」である。ところが、案件によって上下関係が一時的に発生する場合（因事《いんじ》管隷《かんれい》という）、下手になる官司の方がこの最後の文言を「以牒」とするよう、律令には定められていた（公式令《くしきりょう》12移式条）。今回示した四通の文書では、散位寮から写経所宛の文書では「故牒」、写経所から散位寮宛の文書では「以牒」と、明らかに写経所が下位になるよう書かれている。仲麻呂らの意を受けた散位寮が、東大寺写経所に対して上位の立場で官人の移動を命じている様子を見て取ることができる。

さて、ここで挙がっている三名の官人について、同時期の他の文書から調べてみると、後家河万呂は散位、十市和万呂は坤宮官舎人《とねり》、小治田乙成は文部省位子《いし》であったことが確認できる。舎人は職事官（九六頁）ではないので、散位が充てられていても問題がない。

位子も、単なる出身区分であるので、位子として出身してそのまま官職に就くことがないまま、すなわち散位であったのだろう。小治田乙成は、同じ年の九月の時点で少初位上《しょうそいじょう》の位階を有していたことが確認でき、位のみ有する者だったとみられる。つまりこの三名は、いずれも散位として散位寮の差配を受ける存在であったと考えられ、本司の命令で急遽出向先から戻るように伝えられたことになる。

しかしそうなると困るのは現場の方である。さきのやり取りの中では、東大寺写経所がずるずると引き延ばし作戦に出ているようにも見える。文書の日付を見ると、三日間の猶予を求めたのは十月二十五日、最終的な報告を行ったのは二十七日となっている。さすがに三日は押し通せなかったようであるが、二日はどうにかしのいだらしい。そもそも小治田乙成などは、九月二十二日に藤原仲麻呂の命令でこの写経に配置されたことが別の文書によって確認できるのだが、翌月にやはり仲麻呂の関係でこのような事態に巻き込まれてしまっている。権力者の意思に振り回される下級官人や、官人を差配する官司、さらには目の前に仕事を抱えた現場の苦労が偲ばれる。いつの時代も、現場と運営側の間には溝が生じやすい。

2 皇族・貴族の家政機関と散位

†皇族・貴族の家に勤める散位

さきにみた写経は国家的な事業であるから、あぶれた官人である散位《さんに》が参加することには特段の違和感は覚えないだろう。しかし、皇族や貴族の家政機関にも散位が出仕していたというと、少し違和感もあるかもしれない。

まずは実例を見てみよう。

長屋《ながや》王《おう》は、のちに天皇を呪詛したとして死に追いやられるが、生前には大規模な邸宅を営み、さまざまな文化的・経済的な活動を展開していた。そんな長屋王が神亀五年（七二八）に実施した写経の経巻の一つ、大般若経《だいはんにやきよう》巻二六七（根津美術館蔵）奥書には、以下のように長屋王家に仕えた人々の名が挙がっている。（行番号は便宜的に付したもの）

1　神亀五年歳次戊辰五月十五日、仏弟子長王至誠発願奉写大般若経一部六百巻

（中略）

2 神亀五年歳次戊辰九月廿三日書生散位寮散位少初位下張上福
3 初校生式部省位子无位山口忌寸人成
4 再校生式部省位子无位三宅臣嶋主
5 装潢図書寮番上人无位秦常忌寸秋庭
6 検校使作宝宮判官従六位上勲十二等次田赤染造石金
7 検校使陰陽寮大属正八位上勲十二等楢曰佐諸君
8 検校薬師寺僧□弁
9 検校藤原寺僧道慈
10 用長麻紙伍張

2行目以降が写経の作業に関わった人々である。2行目に経文を写した書生《しょしょう》、3・4行目が写した経文に誤りがないか校正を行った校生《こうしょう》、続いて5行目には装潢《そうおう》といって経本の装丁を担当した人物の名が挙がっている。6〜9行目はこの写経作業全体のチェックを行った人々で、6行目には長屋王の別宅である「作《さ》宝宮《ほのみや》（佐保宮）」に勤める官人もみえる。

そして、このうち2行目にみえる書生に、「散位寮《さんにりょう》散位少初位《しょうそい》下《げ》張上福《ちょうのじょうふく》」という、散位寮に所属する散位が確認できる。また長屋王邸跡から出土した、和銅三年（七一〇）〜霊亀三年（七一七）頃のものとみられる木簡に、以下のように散位寮の名が記載されたものが見つかっている。

（a）・□工司二人散位寮三人帳内三人仕丁一人　○
・右九人飯四升半受物部牛麻呂十一月十二日井門［　］　○
（b）・□〔医カ〕三人散位寮□□〔五カ〕
・飯一斗五升半
（c）・散位寮四口帳内二口□〔飯カ〕
・受嶋万呂　十一日山万呂

（『平城宮発掘調査出土木簡概報』二十一）

（a）〜（c）、いずれも長屋王家で仕える人々に食料を支給した際の木簡である。その中に散位寮の名があるということは、散位寮から出向していた人々が長屋王家にいた、ということを示す。以上のことから、散位寮所属の散位が長屋王家に出仕していたことは疑いない。

前節で触れた光明子《こうみょうし》の皇后宮職《こうごうぐうしき》も、家政機関の一つである。こうした皇族や貴族の家政機関という、ある意味私的とも捉えられそうな機関に散位が出仕することの意味は何であろうか。

家政機関に出仕すると、場合によってはそこの本主《ほんしゅ》（あるじ）と個人的な関係が深まることもある。たとえば、天平年間に光明皇后の皇后宮職に出仕していた馬国人《うまのくにひと》という人物は、後に自らの地元である河内国に住んでいた際、自宅に聖武太上天皇・孝謙天皇・光明皇太后の行幸があり、宴を催したことが『万葉集』にみえている（巻二十、四四五七〜四四五九）。おそらく、かつての主従関係に基づくのだろう。こうした家政機関において、本主と下級官人との間に取り結ばれる個人的な関係について、かつては皇族や貴族の私的な勢力の拡大であり、律令制に反するものとする見解が強かった。国家の目の届かないところで皇族や貴族がひそかに力をつけ、反国家的な活動をしかねない、というのである。

しかし注意しなくてはならないのは、皇族や貴族の家政機関は、基本的に公的なものであるという点である。

例えば、さきに出てきた皇后宮職は、皇后の家政機関として設置された令外官である。

令制では中務省《なかつかさしょう》被官に中宮職《ちゅうぐうしき》が設置され、皇后の家政はこの中宮職が担うはずであった。しかし、光明子が聖武天皇の皇后となった際、聖武の生母で文武天皇の夫人であった藤原宮子《みやこ》が存命しており、当時、中宮職はもっぱら宮子のための機関となっていた。このため、光明皇后のために新たな家政機関を設ける必要が生じ、新たに皇后宮職という令外官を設置することになったのである。皇后宮職には大夫《だいぶ》以下の四等官《しとうかん》が置かれ、下級者も含めて官人が配置された、まぎれもなく国家の機関である。

それ以外の家政機関としては、品位《ほんい》を持つ親王や、職事《しきじ》すなわち官職に就いている三位《さんみ》以上官人には家政機関が設置され、家政を取り仕切る家令《かれい》を中心とする職員（これも四等官制を取る）に、律令官人たちが配置された。つまり、これまた同様に国家の機関である。このように、皇族や貴族の家政機関は、そもそも国家が設置する存在であることを強調しておきたい。

†トネリたち

高貴な人物に仕える従者のことを、トネリという。トネリの語源は、〝殿入《とのい》り〟であるとされ、高貴な人に対し家の建物内で奉仕する存在であったとみられる。

トネリとカタカナで書いたのは、主人の身位によって付き従うトネリの漢字表記が異なるためである。天皇・皇后・皇太子のトネリは舎人、親王・内親王は帳内、五位以上の有位者や大臣は資人、といった具合である。本来の読みはいずれも〝とねり〟であったとみられるが、現在ではおおよそ、舎人（とねり）・帳内（ちょうない）・資人（しじん）と読むのが慣例である。トネリは官位《かんい》相当《そうとう》がないため正規の官職ではなく、雑任など官職に準じる存在となる。ただ天皇の舎人である内舎人《うどねり》についても、区分上は内長上《ないちょうじょう》という正規の官人と同じ枠に含まれており、特別な扱いになっている。では続いて、皇族・貴族の従者である帳内・資人について少し詳しく見てゆこう。

　帳内は、先に述べた通り、親王・内親王に与えられる従者である。令の規定では、六位以下の子と庶人から採用することになっていた（軍防令《ぐんぼうりょう》48帳内条）。その数は、一品《いっぽん》には一六〇人、二品《にほん》には一四〇人、三品《さんほん》には一二〇人、四品《しほん》には一〇〇人がそれぞれ給せられる規定であった（軍防令49給帳内条）。

　資人には、五位以上の有位者に与えられる位分《いぶん》資人、大臣・大納言《だいなごん》の職に与えられる職《しき》分《ぶん》資人の二通りがある。位分資人には内八位以上の子を充てることは禁じられており（軍防令48帳内条）、貴族層同士が結合するのを避ける規定となっているとも評価できる。位分資人は、一位に一〇〇人、二位に八〇人、三位に六〇人、正四位《しょうしい》に四〇人、従《じゅ》四位に三五人、正五位に二五人、従五位に二〇人が給せられた。女性の有位者にも支給されたが、その場合は男性官人の半数となっている。職分資人は、太政大臣には三〇〇人、左右大臣に二〇〇人、大納言に一〇〇人とされている（軍防令49給帳内条、九七頁図表12参照）。

このようにみてくると、帳内や資人という存在は皇族や貴族の従者ではあるが、彼らが勢力を拡大させたいから従者を集めるのではなく、親切にも国家がつけてくれる、という性格のものであることが確認できるだろう。

さらに、彼らもまた広義には官人の一員であり、考《こう》を受けることになっていた。考課《こうか》令《りょう》69考帳内条には、

> 凡《およ》そ帳内および資人は、年ごとに、本主、その行能功過《こうのうこうか》を量り、三等の考第《こうだい》を立てよ。恪勤《かくごん》にして懈《おこた》らず、清廉にして主に称《かな》えらば、上とせよ。祗承《じしょう》意に合《かな》い、産業怠《おこた》らずは、中とせよ。好みて私の假《け》を請《こ》い、数《しばしば》愆《あやま》ち失することあらば、下とせよ。

とある。帳内・資人は毎年本主が勤務評定を実施して、三段階の成績を付けることになっ

ていた。まじめに清廉潔白な勤務態度で主人の言うことをよく聞いていれば上。敬意を以て上意をうけたまわり、業務に怠りがなければ中。やたらと私的な休暇を取り、頻繁にミスを犯すようならば下、ということである。

ここで注目しておきたいことは二点ある。一つは、帳内資人の考課は本主が実施するという点である。前章で述べたように、考課を行うのはその官人が属する官司の長官である。とすれば、帳内や資人にとって皇族・貴族の家とは官司であり、本主はその長官に等しい存在ということになる。二点目は、帳内・資人は本主の命令をよく聞かなくてはならないという姿勢を、令文が明確に規定している点である。官に属する身である以上、上司の命令をきちんと聞くのは基本的な服務姿勢であるが、家政機関であってもそれは同様であった。律令国家成立の大きな画期の一つである大化改新《たいかのかいしん》の時に、貧困な家に仕える奴婢《ぬひ》が、本主を欺いて勢いのある家に仕えようとすることを禁じた、という記事がある（『日本書紀』大化二年〔六四六〕三月甲申条）。昔から、よりいい家に勤めたいと思うしたたかな連中が多かったのだろう。律令制のもとではそうした存在は許容せず、きちんと本主に奉仕するよう、官人の一員として求めたのである。

†仕えるべき主人

本主とトネリたちとの関係については、大宝令が施行された後もたびたび強調された。帳内・資人についての制度改定の記事である、『続日本紀』和銅四年（七一一）五月辛亥条をみてみよう（○数字は著者が付したもの）。

> 制すらく、①帳内・資人、名は式部《しきぶ》に入るといえども、選《せん》に予《あずか》るの限《かぎり》にあらざれ。既に位記《いき》を叙せる者は許せ。職分は此の例にあらず。ただ帳内は三分之一、資人は四分之一のみを聴せ。②それ位に叙するといえども、逗留方便《とうりゅうほうべん》し、主に違いて礼を失するは、即ちその位を追い、本貫《ほんがん》に還せ。もし他処に位を得なば、追わず。③或は本主亡しなば、選に予ること得ず、みな本色《ほんじき》に還せ。但し廻《めぐ》りて入らむと欲するは聴《ゆる》せ。以外は令のごとし。

本条は、おおよそ三つの内容からなっている。①は、帳内・資人は式部省の管理下にあるが、今後は一部を除き、選の対象とはしない（勤務しても昇進できない）ことを定めたものである。帳内・資人としての出仕は、白丁などが官人となるための貴重な手段であったが、一方では官人の数が増大しすぎるという問題もはらんでいたので、こうした措置がとられたのだろう。②では、叙位された者であっても、本主に従わず礼を失するような場合には、位階を剝奪してもとの出身地に送還する（ただし、他の勤務や功績によって叙位された場合は除く）、と述べられている。つまり、帳内・資人が本主に対して礼を尽くすのが当然である、ということを改めて国家が強調しているといえる。③では、本主が亡くなってしまった場合には、帳内・資人たちは選の対象となることはできず、元の身分に戻される（他家で帳内・資人となることを希望する場合は許可する）ことが制されている。やはりここでも、帳内・資人たちが拠って立つのはあくまでも本主の存在が前提であることが確認されているといえるだろう。

もう一つ例を示したい。官人たちは、毎年正月十五日には、天皇に対して薪をたてまつるという儀式に参加することになっていた（薪《みかまき》供進）。それぞれの官人が天皇に仕える者であることを示すための、一種の服属儀礼であった。面白いのは、そのことを規定した雑令26文武官人条に「凡そ文武の官人、毎年正月十五日、並びに薪進《たてまつ》れ。（中略）それ帳内・資人は、おのおの本主に納《い》れよ」。とあって、帳内・資人については天皇ではなく、それぞれの本主に対して薪を進上するよう規定されている点である。ベースとなる儀礼が天皇に対する服属を示すものであっても、帳内・資人が忠誠を尽くすべきあるじは、あくまでも彼らが勤める家の本主であったことが明確に規定されている。

ところでこうした帳内・資人たちは、各家で才能を認められれば内位を得ての昇進コースに推挙されることもできた。選叙令16帳内資人条によれば、

凡そ帳内・資人ら、才、文武の貢人《ぐにん》に堪えるは、また貢挙《ぐこ》するを聴せ。第《だい》を得なば、内位《ないい》に叙し、第せざれば、おのおの本主に還せ。


とある。各家で、文武の才能に優れていると評価されれば、貢挙すなわち式部省での試験に推薦されることが認められていた。そしてこれに合格すれば内位を得て正規の昇進コースに乗ることができ、不合格でももとの家政機関に戻って引き続き勤務を続けられることができた。つまり、皇族・貴族の家政機関で勤めることは、正式な官人への入り口へつながるのであり、彼らが正規の官人の予備軍であったことを示している。

なお、帳内・資人に限らず有力な家に勤めていると、その後の昇進にも好影響を及ぼし

たようで、皇后宮職の史生《ししょう》といった下級官人は、かなり順調に主典以上へ昇進していたと分析されている。高いクラスでは、図書寮《ずしょりょう》の長官である図書頭《ずしょのかみ》、官奴司《かんぬし》の長官である官奴《かんぬの》正《しょう》、あるいは美濃介や能登守といった国司の長官・次官など、五位・六位クラスも含まれている。こうした昇進は、下級官人としてはかなり特殊であり、光明皇后という有力者の家政機関ということも相まって、皇后宮職が史生を養成することで実務官人を養成する機能を担ったと考えられている〔中林一九九三・一九九四〕。

以上のように、下級官人たちにとって有力な皇族・貴族に仕えることは、官人としてのキャリアの中で大きな意味を持った。一方、国家の側からみれば、写経所などはもちろんのこと、皇后宮職やその他の皇族・貴族の家政機関も、官職からあぶれた下級官人の受け皿としての機能を担っていたと評価できる。国家は、そうした有力者の存在を介して下級官人を間接的に統制していたのである。

†家政機関における散位の位置づけ

このように家政機関に勤める下級官人たちは、あくまでも官人として、国家の公認のもとに働いていた。

では、帳内・資人といった公的に設置された従者はともかくとして、散位はどういった存在なのだろうか。『続日本紀』霊亀二年（七一六）六月乙丑条には、

制すらく、王臣五位已上《いじょう》、散位六位已下をもって、資家《しけ》に充てんと欲するは、人別《にんべつ》六人已下聴せ。

と、五位已上の官人家に、散位を六人まで従者とすることを認めるという措置が取られている。この制が出される以前から貴族たちの従者に散位が含まれるという実態があり、それを改めて家政機関の一員として公的に位置づけた措置と考えられる〔春名一九九三〕。つまり帳内・資人とは別に、そもそも皇族や貴族の家には官職に就いていない有位者が働いていたことになる。こうした状況に対し、国家はそれらの存在を公認した。その結果、先ほど見たような、長屋王家や光明子の家政機関で働く散位の存在や、各家政機関と散位寮とのやり取りといったものが日常的に発生することになったといえる。

このような背景の一つとして、増え続ける散位、というある種の社会問題があったとみられる。『続日本紀』養老五年（七二一）六月乙酉条には、

太政官奏して言さく、（中略）定額《じょうがく》を除くの外、内外文武散位六位以下および勲位《くんい》、ならびに五位以上子孫は、並びに資《し》を納れ便《すなわ》ち番考《ばんこう》を成さしむ。此れ則わち考年を積むといえども、還りて衣食に乏し。今年より、資を発《おこ》すべからず。人々田に帰り、家々に穀を貯めるべし。もし稼穡《かしょう》豊かにして、資を納れ考を成すものあらば、恣《ほしいまま》に聴せ。（後略）

という記事がある。これについて、少し時代背景も踏まえて説明したい。

この頃、散位の数が増えすぎていたため、国家が把握する数を制限する、定額制《じょうがくせい》が実施されていた。国家の管理下で散位寮に分番できる定員を設定したのである。この定額から漏れた散位たちは、他の散位などと同様に写経所へ出仕するものもあったようだが、ここで挙げた養老五年の記事では、それとは別の方法が問題になっている。それは、散位寮での分番の代わりにお金を納めることで考を得る、続労銭《しょくろうせん》（贖労銭《しょくろうせん》）という手段である。この制度を利用する者が多かった結果、衣食にも不自由するような者が増加したため、豊かなものを除いて続労銭の徴収を停止し、帰農させて穀を貯めさせる、というのがこの記事の趣旨である。なお定額の散位の員数であるが、天平宝字二年（七五八）には式部散位《しきぶさんに》（文散位《ぶんさんに》）四〇〇人、兵部散位《ひょうぶさんに》（武散位《ぶさんに》）二〇〇人とあるので、全体で六〇〇人程度であったと想定できる。額外も含めれば、相当数の散位を想定できる。さらに式部省には、これらの他に蔭子《おんし》・位子《いし》や留省《るしょう》（出身したものの舎人などの職に就くに至らなかった者）などが二〇〇名あったというから、これらの管理を行う業務も膨大な量に及んだであろう。

このように、奈良時代の早い時期から増加する散位の扱いが社会問題となっており、国家は度々対応を迫られた。そうした中で、散位を皇族・貴族の家政機関に預け、その後の昇進も目指させつつ、間接的に官人を支配してゆくことが目指されたといえよう。神亀五年（七二八）三月甲子には、本主が希望するのであれば散位などに試験を課して、資人として採用してよい、という制が出されている。あぶれた散位の受け皿としての家政機関、という図式は、加速度的に定着してゆくことになったといえる。

もちろん、そうした中で本主と下級官人との間に個別の人間関係が生まれ、深まることはある。かつて長屋王家に仕えていた大伴子虫《おおとものこむし》という人物は、長屋王の変から一〇年を経た天平十年（七三八）七月、左兵庫寮《さひょうごりょう》の少属《しょうさかん》というポストにあった。その時、隣の右《う》兵庫寮の頭《かみ》であった中臣宮処東人《なかとみのみやこのあずまひと》と仕事の合間に碁を打っていた。碁を打ちながらの閑談の中、話題が長屋王に及んだところ、子虫が怒って剣を抜き、東人を斬り殺すという事件が発生している。この事件について『続日本紀』は、東人は長屋王を誣告《ぶこく》した人と記す（天平十年七月丙子条）。かつての主人を冤罪で死に追いやったことを知った子虫による、仇討事件だったのかもしれない。子虫が長屋王家でどのような地位で働いていたか、残念ながら不明であるが、長屋王と子虫との間には強い主従関係があった可能性が考えられる。こうした様々な人間関係も取り込みながら、律令国家は展開していったのである。

†国家にとっての皇族・貴族の家政機関

親王	諸臣	面積（町）
一品	一位	500
二品	二位	400
三品・四品	三位	300
	四位	200
	五位	100
	六〜八位	50
	初位〜庶人	10
	郡司大少領	30
	郡司主政・帳	10

図表15　身分による開墾面積の制限

では結局のところ、律令国家の中で、皇族や貴族の家政機関とはどのような存在だったのだろうか。少しだけ官人制から離れて考えてみたい。

天平十五年（七四三）の墾田永年私財法《こんでんえいねんしざいほう》は、開墾した田地について国家が収公することなく恒久的に私財とする、という、日本史を習ったことがあれば必ず一度は耳にするはずの法令である。この墾田永年私財法は、奈良時代の間に幾度かの改正が加えられるが、最初に出された天平十五年当時には、一人が開墾してよいと許容される面積に、位階を基準とした制限が付されていた（図表15）。身分が高ければ高いほど広い面積の新規開墾が可能であり、当時の一町《ちょう》は約一・二ヘクタールなので、一位であれば約六〇〇ヘクタールもの面積の田地を私有することが可能だったことになる。こうしたことから墾田永年私財法は、有力貴族や寺社などが大規模な土地を領有する契機となり、律令制の崩壊を示すものとの理解がかつてなされたこともある。しかし注意すべきは、そもそも基本法典である律令の規定内には、私田《しでん》の新規開墾を管理する規定が存在していなかったという点である。

つまり、新規開墾については制限も推奨もしようがない。とはいえ開墾しなければ生産力も頭打ちになって人口増加にも対応できないという問題が残る。また勝手な開墾を野放しにするわけにもいかない。そうした状況の打開策として、養老七年（七二三）には三世《さんぜ》一身法《いっしんのほう》が出されるが、自分のものとして耕作してきた田地が三代目の死後には収公されるとなると、モチベーションが上がらないという事態が起きる。

そうしたある種の失敗を受け、天平十五年に墾田永年私財法を制することによって、開墾した土地の私有を認める方向を打ち出した。ただし、開墾時には事前に予定地がある国の国司に申請をして許可を得なくてはならないことがあわせて規定されており、好き勝手に開墾を許すというものではない。すなわち墾田永年私財法は、新規開墾の私田も含めて国家が掌握することができるようにした、むしろ土地支配の進展や深化〔吉田一九八三〕、あるいは人々の土地支配欲求を刺激しての国家の財政基盤拡大策〔坂上二〇〇四〕として評価されるべきである。つまり墾田永年私財法は、国家的な課題を解決するために、国家の管理下で、人々が土地を私有することを公認した法令であった。

そして位階によって開墾できる面積が異なっていたのは、上位者への優遇であることに加え、力のある家の動員力に期待した可能性もある。奈良時代の後半には、有力な家が零細な農民を使役することが問題視され、墾田永年私財法は一時期廃止とされたこともある。しかし、結局のところ復活されることとなり、同時に位階による開墾許容面積の制限が取り払われることとなった。位階に関わらず実際に力のある諸家に委託して開墾させることで、間接的に国家が把握する土地を拡大したものと考えたい。

散位たちの場合も同様に、皇族・貴族の家政機関や寺社に委託することによる間接的な統治であった。皇族や貴族の家政機関を公的なものとして国家が設置したのは、私的な関係や私有を公的なものと位置づけることによって、支配の一部を担わせたものと評価できるだろう。古代国家の中で家柄主義が根強く残る背景には、国家にとって有力な家を保全する必要性もあったとみられる。

†散位を把握する意味

本章で述べてきたように、官職にない有位者、すなわち散位の数は右肩上がりに増加していった。そして彼らは、写経所や皇族・貴族の家政機関に預けられ、身銭を稼ぎ・次の任官の機会を待っていたのである。

その中で、続労銭について触れた。要するに、官職に就けない間の勤務実績を金で買う、ということである。続労銭は、天平宝字八年(七六四)十月にはいったん廃止となるが、それ以外にも人々は、物品・銭の国家への献上や、都造りといった国家事業へ労働力や食料を提供する、奉献《ほうけん》といった行為によっても位階を得ていた。このように、国家の側は官人身分にある者を増やすことに、それを受容する人々は官人身分の維持や獲得に、それぞれ積極性を見出すことができる。

ではなぜそこまでして、国家は官人身分を増やし、把握しておきたかったのだろうか。また官人たちも、なぜ身銭を切って苦しい思いをしてでも官人身分の維持や獲得にこだわったのだろうか。この問題は、古代日本の官人制を理解する上での大きなポイントであると考える。この点は本書の中でも重要な問題であるため、具体的なあり方については次の章で詳しくみてゆくことにして、ここでは制度設計の意味について述べておきたい。

前章でも述べたように、日本の官人制は、推古朝の冠位十二階《かんいじゅうにかい》以来、まずクライを与えて序列化することに主眼が置かれていた。こうした成立背景のもと、律令制下においても個人に位階を与え、それに対応する官職に任命する官位相当制の構造を取ることになったのである。

一方、やはり前章で触れたように、唐の官品《かんぴん》は官職の等級を示すものであったから、個々人そのものを等級づける位は存在しない。そのため官職についていない官人は、その個人のキャリアに相応しい待機ポスト（散官《さんかん》）に任ぜられることになっていた。散官にも、文官では一番上の従一品《じゅういちひん》対応の散官は開府儀同三司《かいふぎどうさんし》（正一品には散官は設定されていない）、中堅の正五品下では朝議大夫《ちょうぎだいふ》、武官では従一品には驃騎《ひょうき》大将軍、といった仰々しい名がついている（図表16）。いずれも実際の職務を伴わない官名であり、いわば称号として与えられたものである。対して日本では、位は個人に対して与えられるものであるため、個々人にはすでに等級が付されている。そのため、位階のみ保持して官職についていない官人は、一括して散位という名称で扱われることとなる。すなわち散位という制度は、日本のオリジナリティが強く表れたものであるといえる。

さらに、唐では職事にないものは吏部《りぶ》・兵部《へいぶ》という、日本でいえば式部省・兵部《ひょうぶ》省に相当する官司に上番（交代勤務）する体制となっていた。吏部・兵部はそれぞれ文官・武官人事を扱う官司であるので、あくまでも通常の官人の一環として管理しているということになる。かたや日本では、散位寮という官司が設置されており、散位はここに上番する制度であった。散位寮は式部省被官であるので、人事を掌る官司内に配置されているという

官品	文散官	武散官
正一品	—	—
従一品	開府儀同三司	驃騎大将軍
正二品	特進	輔国大将軍
従二品	光禄大夫	鎮軍大将軍
正三品	金紫光禄大夫	冠軍大将軍
従三品	銀青光禄大夫	雲麾将軍
正四品上	正議大夫	忠武将軍
正四品下	通議大夫	壮武将軍
従四品上	太中大夫	宣威将軍
従四品下	中大夫	明威将軍
正五品上	中散大夫	定遠将軍
正五品下	朝議大夫	寧遠将軍
従五品上	朝請大夫	游騎将軍
従五品下	朝散大夫	游撃将軍
正六品上	朝議郎	昭武校尉
正六品下	承議郎	昭武副尉
従六品上	奉議郎	振威校尉
従六品下	通直郎	振威副尉
正七品上	朝請郎	致果校尉
正七品下	宣徳郎	致果副尉
従七品上	朝散郎	翊麾校尉
従七品下	宣義郎	翊麾副尉
正八品上	給事郎	宣節校尉
正八品下	徴事郎	宣節副尉
従八品上	承奉郎	禦武校尉
従八品下	承務郎	禦武副尉
正九品上	儒林郎	仁勇校尉
正九品下	登仕郎	仁勇副尉
従九品上	文林郎	陪戎校尉
従九品下	将仕郎	陪戎副尉

図表16　唐代の散官

点では唐制と変わりないが、被官ながらも散位のことを専門に担当する官司を設置した点は日本のオリジナルなところである。こうした事実は、散位という制度が日本の官人制の一つの特徴であり、そこに重要な意味があったことを示しているのだろう。

律令国家草創期にあっては、位を持っている者を増やし、諸氏族を官僚制の原理で再編成し、管理下に置くことが目指された。官職に就いていない者であっても、有位者をできるだけ増やして管理下に置くことが、国家にとっても重要な課題であったと考えられる。七世紀では壬申《じんしん》の乱で軍功を挙げた人などを含め、位を持つ人間を増やすことが天皇の求心力強化に大きな意味を持つとみなされたのだろう。律令制下において天皇はすべての官人に対して位階を与える存在である。官人身分が増えることは、天皇の下に編成される人々が増えることに他ならない。さらに前章でみたように、クライの制度には諸氏族の秩序をも官人制の中に取り込みながら官僚機構に編成しなおす、という意味合いも含まれていた。

本章冒頭で挙げた持統四年（六九〇）の詔《みことのり》では、官人でない有位者の扱いをわざわざ定めていた。このことからすれば、七世紀末にはすでに多くの有位者があり、そのすべてを官職に就けることが困難な状況があったと考えられる。その点で持統四年の詔が示す状況は、〝多くの人間の官人化〟という国制整備における大きな目標が、この時点でかなりの程度達成されていたことを示している。

そして、大宝・養老律令も、こうした背景のもとで設計されたものである。律令国家が目指したのは、多くの人々を官人として統制するという姿であり、その結果として生まれたのが散位の制度であったと考えられる。

第三章

政争のあとさき

1　国家にとっての官人

†散位となる事情

　国家が官人を管理下に置く際、実績や功績があれば称えて賞を与える一方、何か問題を起こした官人があれば当然処分の対象となる。この節では、そうした官人への処分の在り方について、八〜九世紀の事例からみてゆきたい。その手がかりとして、前章に引き続いて散位《さんに》に注目したい。

　官人が散位になるパターンはいくつかある。養老令の公定注釈書である『令義解《りようのぎげ》』には、①致仕《ちし》（七〇歳以上の者が官職からの引退を宣言すること。なお日本令では、五位以上官人が致仕しても、位禄《いろく》・位封《いふう》は全額給付された）・②考満《こうまん》（任期満了）・③廃官（所属している官司が行政改革などで廃止となる場合）・④省員《しょういん》（任ぜられているポストが廃止ないし定員削減される場合）・⑤宛待《あてまち》（次の任官がなく待機している状態）・⑥遭喪《そうそう》（親族の不幸に遭って喪に服する場合。父母は一年、祖父母・養父母では五カ月などの服喪が規定されていた）・⑦患解《かんかい》

（病を得て欠勤が二百日を超える場合）が、基本パターンとして挙げられている。いずれも、令の中に根拠があるものや、行政の運営上仕方なく発生するようなものといえる。

この他に、⑧犯罪・政権の変化によって官職を解かれたもの・⑨貢献その他によって位のみを得たもの、なども、散位が生まれる事例として多くが確認されている〔山田一九六二〕。注意したいのは、この⑧のパターンである。

重大犯罪や政争以外にも、官人が罪を犯すと考《こう》が下げられることになっていた（考課《こうか》令《りょう》57犯罪附殿条）。そして考課令58犯私罪条には、私罪を犯して下中の評価に、公罪を犯して下下の評価になってしまった者は、「見任《げんにん》を解け」とあって、官職を解かれる解官《げかん》という処分になるよう規定されていた。私罪とは、明らかに悪意がある不正行為によるもの、公罪とは公務の中で悪意なくミスが発生するなどして結果的に罪となってしまうものである。官人たちにとって、解官され散位となる可能性は、常に背中合わせに存在していた。

散位になるということは、官職は解かれても位階は残る。つまり官人身分を失うまでには至らないということになる。犯罪によって官職を解かれたりする者が社会的にアウトサイダーであることはもちろん、政権の変化によって官職を追われたりする者も、新政権から見れば旧政権の残党であり、いわゆる要注意人物といえる。そのような者たちであっても、官人身分の中に留め置かれることは、実はざらであった。

†律令制における刑罰と官人

官人への処罰について、もう少し詳しく整理しておきたい。

律における刑罰としては、主刑として笞《ち》・杖《じょう》・徒《ず》・流《る》・死《し》の五罪が規定されている。笞とはむち打ちで、細い棒でたたく刑である。杖は棒たたき、徒は労役刑、流は遠隔地への流刑、死は死刑である。五罪の中でも等級があり、犯した罪の軽重によって、相応の罰を受ける仕組みであった（図表17）。

ところが官人たちは、「礼は庶人《しょじん》に下さず、刑は大夫《たいふ》に上さず」（『礼記《らいき》』曲礼《きょくれい》）の言葉があるように、中国律令でも日本律令でも、支配者層であるために肉体刑の辱めを受けないよう配慮されていた。そのことの意味はまたのちほど問うことにして、ここではまず、身分的に与えられた刑罰上の特権についてみてゆこう。

律には、議《ぎ》・請《しょう》・減《げん》といった身分ごとの減刑基準が設定されており、ここに該当すると罪を一等減じられる原則であった。つまり遠流《おんる》であれば中流《ちゅうる》へ、近流《ごんる》であれば徒三年といったように、自動的に一段階低い刑に引き下げられることになる。三位以上は、罪を減免される対象である六種類の〝議〟（六議《りくぎ》）のうち「貴《き》」の要件に該当し、死刑になりそうな場合は死刑の判決を下してよいかも含めて天皇の裁可を仰ぐ原則であった。また五位以上は、判決にあたって天皇の裁可が必要な〝請〟という区分に属し、死刑判決が下っても、執行の判断は天皇の裁可を仰ぐという原則であった。国家への反逆といった重大犯罪は別であるが、このように基本的に五位以上の貴族には、死罪すらもいったん留保されて天皇の判断による（結果的に、免ぜられる可能性が高い）ことになっていた。また六位と七位の官人も、流罪以下は一等減ぜられる〝減〟の区分に該当する。

さらに八位以上位を持つ者、ならびに初位でも正規の官職に就いている者たちには、肉体刑を振り替える換刑《かんけい》の制度が存在していた。わかりやすいのは代納物の納入で実刑に換える贖銅《しょくどう》、いわば罰金への振替であろう。刑と贖銅の換算率は図表17の通り、最も低い笞一〇の贖

刑名	量刑	贖銅(斤)
笞	10	1
	20	2
	30	3
	40	4
	50	5
杖	60	6
	70	7
	80	8
	90	9
	100	10
徒	1年	20
	1年半	30
	2年	40
	2年半	50
	3年	60
流	近流	100
	中流	120
	遠流	140
死	絞	200
	斬	

図表17　五罪と贖銅

銅一斤《きん》から、上は死罪まで贖銅二〇〇斤で振り替えることができる。斤は重さの単位であり、贖銅一斤とは銅地金で約六七〇グラムに相当する。ただ実際には銭や布で納めることになっていたらしく、一〇世紀末には贖銅一斤＝六〇文という基準が定式化された。一一世紀初頭の史料では、調庸布一端が銭六〇文という史料があるので（寛弘二年［一〇〇五］四月十四日、条事定文写）、その頃の贖銅一斤であればおよそ布一端分程度（成人男性の二〇日分の労働に相当）だったと推定できる。ただし一斤六〇文が定式化する以前には、時々の物価によって銭や布の数量は変動していた。正倉院文書をみると、奈良時代半ばの天平宝字七年（七六三）には、熟銅六両で銭五六文という史料がある（天平宝字七年正月二十八日、安都雄足啓案）。一斤は一六両なので、この時の相場では約一五〇文相当になる。近い時期の物価では、綿一屯が六〇文、筆一本も六〇文、墨一つが三〇文といった具合である。べらぼうに高いわけでもないが、決して安くもない額といえるだろうか。

換刑にはもう一つ、自らの位階を以って実刑の精算に充てる官当《かんとう》がある。位階の証明書である位記《いき》を破棄することで刑に換えるのである。六位～八位の位記で徒一年分に、四位・五位は徒二年に、三位以上・親王三品以上は徒三年に、それぞれ振り替えることが可能であった。官当するとその位記分の位階は失うが、徒罪だけでなく流罪（徒四年として換算）までも清算できる。流罪となると原則一生帰れないことを思えば、安いものだろう。

また、贖銅と官当は、併用することもできた。たとえば正四位の位階を持つ官人が徒三年の判決を受けた場合、正四位の位記（＝五位以上の一官）で徒二年を清算し、残った一年分を贖銅二〇斤で支払う、といった具合である。こうした贖銅と官当を組み合わせることにより、官人たちが肉体刑を受けることは原則的にほとんどなかったと言ってよい。

†官人身分の剥奪

このように言うと、官人身分とはいかにもオイシイ特権を有しているように感じられるが、一方では官人特有の刑罰も存在していた。特定の罪を犯して、本刑が流以下であった場合、官当した後に科される除名《じょみょう》・免官《めんかん》・免所居官《めんしょきょかん》の、三種類の附加刑である。

除名は、八虐《はちぎゃく》（予備罪も含んだ国家や天皇への反逆や不敬、社会秩序に関わる重大な犯罪）・故意の殺人・反逆縁坐《はんぎゃくえんざ》や、監臨主守《かんりんしゅしゅ》の官が部内で奸《かん》・盗・略人《りゃくにん》や収賄などを犯した場合、つまり自分が責任をもって統括しなければならない部署内で強姦・盗み・誘拐・収賄を犯した場合に、本刑に加えて位階・勲位の双方を剥奪するというものである（名例律《みょうれいりつ》18除名条、同21除法条）。免官は、監守以外への奸・盗・略人や収賄を犯して徒罪以上に断ぜられた場合などに、本刑に加えて位階・勲位双方を剝奪する刑罰である（名例律19免官条）。最後の免所居官は、祖父母・父母の放置や、喪中にあって子を儲ける・妾を娶るといった、尊属に対して礼を失する罪を犯した場合などに、本刑に加えて位階もしくは勲位を剝奪するというものである（名例律20免所居官条）。

これらは、位階や勲位という官人身分を剝奪するいわば身分刑であり、同様に官人身分と関わる官当などと総称して、除免官当という。除免官当は、官人の基本的な身分である官位を剝奪するものであり、官人の身分そのものに対する刑罰である。官人たちは肉体刑を受けない代わりに、その身分に対して刑が科される存在であった。

ただし注意しておきたいのは、この除免官当といった身分刑には、復権のプロセスも盛り込まれているという点である。

例えば官当は、一年後に一等を降して再叙する、つまり正三位の者が官当で正三位の位記を破棄した場合、一年後には従三位として復権できることになっていた（名例律21除法条）。また除名では、七年目の正月以後に、元の位階の高低に応じて（選叙令《せんじょりょう》37除名応叙条）、免官は四年目の正月以後に元の位階から二等降して、免所居官は満一年後に一等降して、それぞれ叙される（名例律21除法条）ことが定められていた。

つまりこうした身分刑は官人社会からの永久的な追放ではなく、一定期間の官人身分の剝奪であり、どちらかといえば勘当や謹慎に近い処分であったと言えるかもしれない。

†日本における律への対応

ところで、こうした律の規定に基づいた処分は、実は奈良時代には十分に機能していなかったとする説がある。先ほどの説明はかなり単純化したが、それでも分かりにくいと感じられた方もいるだろう。その感想はある意味正しい。実は奈良時代の人たちにとっても律の運用は複雑で難しかったらしく、律令国家草創期にあってはそこまで手が回らなかった可能性があるのである。たとえば、官当がきちんと運用されていることが確認できるようになるのは、承和十二年〔八四五〕以降であることが、事例研究によって明らかにされている〔吉田一九八八〕。

日本古代における律令法典編纂の歴史を振り返ってみると、六七一年に近江令《おうみりょう》とされるものが施行された可能性がある。ただしこの存否には議論があり、あったとしても体系だった法典ではなく、単行法令の寄せ集めであったとする見方が近年では強い。その後、六八九年に浄御原令《きよみはらりょう》が施行されたことが、確実な律令法典編纂の初例である。とはいえこの段階では律は編纂されておらず、唐律の断片的な受容は認められるものの、体系的な編纂法典としては令だけが存在する状況であった。そして、七〇一年の大宝律令制定にいたるのであるが、この年のうちに施行されたのは令のみであって、大宝律の施行は一年遅れた翌七〇二年のことになる。

さらに大宝律令においては、先に見た除名について、名例律には復権を認める規定があるものの、その際の具体的な手続規定が令から抜け落ちていた。このことが慶雲三年（七〇六）に問題となり、関連する令文を策定するよう指示が出されている。その結果、

選叙令《せんじょりょう》37除名応叙条

凡《およ》そ除名犯して、限満ちて叙すべくは、三位以上は状を録して、奏聞して勅聴け。それ正四位は従七位下に叙せ。従四位は正八位上に叙せ。正五位は正八位下に叙せ。従五位は従八位上に叙せ。六位・七位は並びに大初位上に叙せ。八位・初位は並びに少初位下に叙せ。（後略）

軍防令《ぐんぼうりょう》35犯除名条

凡そ勲位、除名犯して、限満ちて叙すべくは、一等は九等に叙せ。二等は十等に叙

せ。三等は十一等に叙せ。四等以下は十二等に叙せ。（後略）

の二つの条文が大宝令に追加されることとなった。

大宝律は基本的に唐律をほぼそのまま引き写しただけで、令との整合性や具体的な運用まで想定されていなかった可能性が高いことを示している。複雑な律の体系を理解して完全に運用しきるのは、行政法規である令を整備したばかりの、つまり行政システムを整備したばかりの日本には困難であったと考えられる。こうした中、八世紀以前の日本においては、基本的に律への対応は常に後回しになっていたのである。

†散位に落とす

そのような状況にあって、官人に対する処分として、散位に落とすという行為が有効に機能していた、と筆者は考える。以下、九世紀初頭まで視野を広げつつ、四点ほど事例を挙げてみよう。

a、橘奈良麻呂《たちばなのならまろ》の乱における、多治比広足《たじひのひろたり》への処分

多治比広足は、大宝令制発足当初の左大臣・嶋《しま》の息子で、諸官を歴任し、多治比氏の氏上《うじのかみ》の立場にもなった人物である。しかし、天平宝字元年（七五七）に発生した橘奈良麻呂の乱（八三頁参照）で一族の中から逆党に加わったものが多かったために、一族を指導するだけの力がないとして、勅によって中納言《ちゅうなごん》を解かれて散位となった（『続日本紀』天平宝字元年八月庚辰条）。その三年後、散位のまま亡くなっている。

b、和気王《わけおう》事件における粟田道麻呂《あわたのみちまろ》・大津大浦《おおつのおおうら》・石川永年《いしかわのながとし》らへの処分

和気王は、淳仁天皇の甥にあたる人物であった。天平神護元年（七六五）、時の称徳天皇が皇嗣を定めず、皇位継承問題を棚上げにしていたことに乗じ、皇位をうかがい謀反の企てをなしたという。和気王は捕らえられ、伊豆国へ配流されることとなったが、配流の道中で絞殺されてしまう。事件の背後には表沙汰にしがたい何かがあって内々に処分されたのでは、と推測する見方もある。

この和気王と親しい関係にあったとされ、粟田道麻呂・大津大浦・石川永年の三名が罪に問われた。しかし、称徳の寵臣で当時大臣禅師となっていた道鏡《どうきょう》の取り成しによって罪を免ぜられて散位とされた（『続日本紀』天平神護元年八月庚申朔条）。この事件は、後日談

も含めてのちほど少し詳しくみてゆきたい。

c、伊予親王《いよしんのう》事件における、藤原乙叡《ふじわらのたかとし》への処分

伊予親王は、桓武天皇の皇子であったが、大同二年（八〇七）に謀反の疑いで捕縛され、飛鳥の川原寺《かわらでら》に母とともに幽閉され、自害に及んだという人物である。この伊予親王に連座したとして職を解かれたのが藤原南家《なんけ》の乙叡であり、失意のまま翌年散位として薨じたという（『日本後紀』大同三年六月甲寅条）。

d、平城太上天皇の変における、紀田上《きのたがみ》への処分

病によって退位した平城天皇は、退位後に回復し、政権を取り戻そうとして嵯峨天皇と対立した。そして大同四年、嵯峨のいる平安京を離れ、自らは平城京への遷都を企て、「二所朝廷」と称される事態を引き起こした。翌大同五年には遷都を宣言するが、この太上天皇の目論見は嵯峨側の迅速な対応によって潰え、平城の側近であった藤原仲成《なかなり》が射殺されたほか、関係官人が処分されることとなった。紀田上もそうした平城側近の一人である。

田上は、平城太上天皇の変後に佐渡権守に左遷されていた。のちに赦に会って帰京が叶ったものの、本格的な復権にはいたらなかったようで、散位のまま亡くなっている（『類聚国史』巻六十六、薨卒四位、天長二年［八二五］四月丙戌条）。

落とされた人々のその後

以上、四つの事例をみた。まず、これらが法に則った処分法なのか確認しておきたい。官職を解かれることについて、さきに公罪や私罪によって評価が下げられて見任を解かれるという考課令の規定に触れたが、これら四例は政変によってただちに処分されているので、勤務評定以前の問題である。よって考課令の規定は該当しない。

では、律の規定と照らし合わせるとどうだろうか。例えばaの事例は、特に勅《ちょく》によって官職を解かれているので、これは律などに依らない特例的な処分であろう。また、四例いずれも、官職を解かれたのみで位階が変動した形跡がないことが注目される。たとえば官当が適用された場合、位記を破棄するので当然位階は下がることになる。また位記を破棄する場合には、同時に見任も解かれるが、名例律17官当条には「それ二官あらば、先ず官位をもって当て、次に勲位をもって当てよ。（中略）仍りておのおの見任を解け。」とある。

つまり、あくまでも位階や勲位の剝奪が主であり、見官《げんかん》の解任は結果的なものに過ぎない。官人身分の基本となる位階を奪うことは、結果的に官職にある資格も奪われるので任を解かれることになるという論理である。除名などの場合も、処分されれば位階の剝奪が先行するので、やはり位階がそのままなのは合わない。このように、a〜dの事例は位階の変動を伴わない単なる解官《げかん》であり、律に規定された処分方法ではなかったといえる。

それでは、これらの処分の重さはどうだったのだろう。

cの事例に関して、この伊予親王事件で同様に処罰された人物を探してみると、親王に謀反を勧めた藤原宗成《むねなり》という人物がある。宗成は即日拘禁され、その後流罪に処せられている。このことと比較すれば、乙叡が散位とされたのは、比較的軽い処分であったのだろうか。ただし流罪となった宗成は、事件後長らく世間から遠ざかっていたが、赦《しゃ》にあって復権する。そればかりか、かつての知友であった清原夏野《きよはらのなつの》が政界の中枢にいたことで、天長六年（八二九）には従五位下に叙されている。もっとも、生活は困窮していたらしいが、それでも生きて官人の列に復帰しているだけマシかもしれない。結果論と言われれば結果論ではあるが、同じ事件で散位に落とされた乙叡は、失意のまま亡くなっているのだから。

ではもう一つ、bの和気王事件についてみてみよう。粟田道麻呂・大津大浦・石川永年らに処分を言い渡した称徳天皇の勅には、「汝らが罪は免《ゆる》し給う。ただし官は解き給う。散位として仕奉《つかえまつ》れと勅《の》りたまう御命《おおみこと》を、聞きたまえと宣る。」とある。お前たちの罪は許すが、官職は解く。引き続き散位として私に奉仕するように、との内容である。罪は許すというので、一見寛大な措置にみえる。しかし、問題はその後日談である。

この三人は、十日あまり後に諸国司に任ぜられることとなった。粟田道麻呂は飛驒員《いん》外介《がいのすけ》に、石川永年は隠岐員外介に、大津大浦は日向守（のちの史料には日向員外介とあることから、員外介であったか）として、それぞれ任地に派遣された。反逆に連坐して官職を解かれたことからすると、いかにも不審な人事であるが、案の定彼らの先行きは暗かった。

粟田道麻呂は、同時に赴任した飛驒守《かみ》の上道斐太都《かみつみちのひだつ》と怨恨があり、彼によって夫婦ともども任地で幽閉され、そのまま死亡した。二人の怨恨とは、和気王事件の一年前、称徳天皇（当時は孝謙太上天皇）と藤原仲麻呂が争った際（藤原仲麻呂の乱。本章第2節参照）にさかのぼる。粟田道麻呂は、仲麻呂の乱時に授刀大尉《じゅとうたいい》として孝謙太上天皇の側近武官だった人物であり、仲麻呂とは相容れない側の勢力である。かたや上道斐太都は、どうやら仲麻呂とも比較的近しい関係にあったらしい。こうした二人を同じ国に配置し、しかも一方は左遷人事であることからすると、そもそも穏やかではない意図があって、こうした人事が行われたのではないかと疑わせるには十分である。

また、隠岐に左遷された石川永年については、数年後に任地で自害したということだけが記されている。詳しいいきさつは分らないが、不穏である。

残ったもう一人の大津大浦は、左遷と同時に身分給である位封《いふう》を剝奪されたものの、任地でどうにか生き延びることができた。その後、神護景雲元年（七六七）九月に日向員外介の任を解かれたが、京に戻ることは許されなかった。この事件が起きる以前、大浦は、陰陽師として藤原仲麻呂の信任を得ていたが、占いによって仲麻呂の逆心を見抜いて密告したことで従四位上を授けられていたという（『続日本紀』宝亀六年五月己酉条）。もしかすると、こうした功績もあって辛うじて死は免れたのかもしれない。しかし、大浦の携えていた天文や陰陽などの書物は左遷先で没収されるなど、やはりさんざんな扱いである。大浦の罪が許されて入京がかなったのは、宝亀元年（七七〇）のことであった。

このように見てくると、彼らへの処分は事実上の流罪とも言いうる左遷であった。当時の政権に彼らを殺害する意図があったかどうか、真実は藪の中だが、単に流罪に処するだけでは粟田道麻呂や石川永年らを死に至らしめることまではなかったかもしれない。散位として官人身分に留め置いたことによって、文字通り飼い殺しにしたと評価できる。

以上のように散位に落とすという処分は、表向きは寛大な措置と見せつつも、あえて官人秩序の中に留め置くことによって、政変に関わった人物を管理下に置き続ける意味合いがあったものと考えられる。さきにみたように除免官当などには復権のプロセスが制度上存在していたが、散位に留め置かれた場合にはそうした制度上の手続はない。つまり、政権の意思によっては実質的な飼い殺しとなり、却って重い処遇となる場合もある、為政者の恣意が発揮されやすい処分方法であったということができるだろう。

こうして散位という身分も活用しながら、国家は官人たちを統制していったのである。

†散位への処分

ところで、官職に就いていたものは散位にすればよいが、もともと散位だった場合はどうするのだろう。奈良時代のおわりごろ、氷上川継《ひかみのかわつぐ》という人物が反逆未遂事件を起こした際の処分には、以下のようにある（『続日本紀』延暦元年［七八二］閏正月壬寅条）。

左大弁従三位《さだいべんじゅさんみ》大伴宿禰家持《おおとものすくねやかもち》、右衛士督《うえじのかみ》正四位上《しょうしいじょう》坂上大忌寸《さかのうえのおおいみき》苅田麻呂《かりたまろ》、散位正四位下伊勢朝臣老人《いせのあそんおきな》・従五位下大原真人美気《おおはらのまひとみけ》・従五位下藤原朝臣継彦《つぐひこ》ら五人、職事《しきじ》は其の見

任を解き、散位は京外に移す。並びに川継の事に坐すなり。（後略）

ここでは連坐した者のうち、「職事」つまり官職にある人間は官職を解く、散位については京外に追い出す、とある。解くべき官職がない場合には、都の外に追放するのである。というと、追放された人々がどこで何をしていてもよさそうに思うが、彼らは実は、地方に出ることも叶わない。五位以上官人が畿外に出る場合には天皇に奏聞しなくてはならない、という規定があった（仮寧令《けにょうりょう》11請假条）。結局彼らは、許されるまで京に入れず、かといって地方に逃亡することもままならず、中途半端な暮らしを強いられたのだろう。

また、さきにみたbの和気王事件に関わる処分のうち、大津大浦は左遷と同時に位封を剝奪されている。はっきりと確認できる事例は少ないが、位封や位禄といった身分給の剝奪も具体的な処分の一つであったと想定できる。

†刑罰免除からみた官人

さて、律には官人への実刑免除原則があったと述べたが、このことについて違和感を覚えた方もあるかもしれない。実刑が科されないのであれば、果たして違法行為や犯罪の抑止は可能なのだろうか、と。

官人が刑罰を免れるという制度は日本律令固有のものではない。母法である唐律令においても、同様の体制である。そしてこのような発想は、『礼記』曲礼篇に述べられた「礼は庶人に下さず、刑は大夫に上さず」という思想に淵源していることは先にも触れた通りである。官人身分は支配を担う階層であり、いわば教養や慎みのある人々である。そうした人々は自ら秩序を守ることができるが、そうでない一般人は、刑罰によって強制的に縛らなければ秩序を守ることができない、という思想である。これが背景にあるので、律令制の中では国家反逆罪などの重大犯罪を除けば、官人に対する肉体刑は執行されない構造なのである。ただ先に見たように、官当・贖銅〔換刑〕と、議・請・減〔減刑〕といった特権がある一方、除名・免官・免所居官〔附加刑〕は官人特有の刑罰である。つまり官人たちは、その身体に対して刑を受けることはないが、身分に対しては刑罰を受ける存在であったといえる。

このような日唐に共通する構造を押さえたうえで、日本の律令制の特徴を考えてみよう。日本では、奈良時代には六位以下官人への笞・杖の執行を許容する法令がたびたび出されているとの指摘がある〔大隅二〇一一〕。裏を返せば、肉体刑を科されないのは貴族たる五位以上官人の特徴であった。ただ、そんな彼らに対しても、散位に落として飼い殺しにするといった、天皇の恣意によって左右される処分が待っていたことは重要である。

位階の昇進などにおいても、五位以上は天皇との関係が特に重視されたことはすでに述べたが、彼らは天皇との関係において統率される存在であり、天皇への「仕奉《しぶ》」「奉仕《ほうし》」によって、禄などの君恩を享受できた。一方、臣下の側も、「仕奉」によって家名を絶やすことがないように努める必要があった。「仕奉」とは〝つかえまつる〟ことであり、豪族たちが天皇に奉仕して国政にあたることこそが、〝まつりごと〟であった〔吉村一九九六〕。

橘奈良麻呂の乱（八三頁）で一族から連坐する者を出してしまった大伴家持が「族《やから》を喩《さと》す歌」（『万葉集』巻二十、四四六五）の中で、大伴氏が神代の時代から天皇に仕え、神武東征の際にも「ちはやぶる　神を言向け　まつろへぬ　人をも和《やわ》し　掃き清め　仕《つか》へ奉《まつ》りて」と詠じている。そして、「清きその名そ　おぼろかに　心思ひて　空言《むなこと》も　祖《おや》の名絶つな　大伴の　氏と名に負へる　ますらをの伴」とこの歌を締めくくっている。神々を説き伏せ、まつろわぬ民を従わせて天皇の御前を掃き清めて仕奉してきた我が一族の清い名を大切にして、祖先以来のウジ名を断つことがあってはならない、との切実な思いが詠われている。〝まつりごと〟への参加は、官人たちのアイデンティティでもあった。

こうしてみると、奈良時代の日本の支配体制においては、律令制よりも天皇との関係が前面に出ているようにも思われる。律令国家とはいっても、律の運用に疑問符が付くことは前述の通りであり、律令国家とは建前だけの、いわば虚構の存在だという論も出されることがある。ただしここまで述べてきたように、律の完全な運用が難しくとも、また為政者の恣意が働く処罰という、制度（律）とは異なる処分方法を実行する中でも、散位という、制度（令）に規定された身分が有効に機能していた。つまり官人支配において、君主との個人的な関係というプリミティヴともいえる側面が色濃く表れているとしても、制度的な根拠もきちんと存在していたという点は、当時の国家を理解する上で正当に評価されなくてはならない。奈良時代の日本は令を基軸に運営される国家であり、行政の運営や支配者層の掌握という点で、官人という身分は国家にとって必要不可欠なものであった。

2　官人にとっての官人制

†官人の特権

前節では、国家からみた官人制の必要性についてみてきた。続いて、官人あるいは官人となるような人々の側からみた、官人制への需要について考えてみたい。

おさらい的な内容も含むことになるが、ここで官人に与えられた特権について整理しておこう。

まずは、身分上の優位性である。官人は、天皇の下に奉仕する人々として、位階秩序に基づき序列化される存在である。朝賀《ちょうが》などの際には、朝庭に版位《へんい》という立ち位置表示の札が置かれ、官人たちはそれに基づいて位階の順に列立した。また、着用する制服（朝服）も、臣下を例に挙げれば一位は深紫、二・三位は浅紫、四位は深緋、五位は浅緋、六位は深緑、七位は浅緑、八位は深縹《はなだ》、初位《そい》は浅縹、というように位階に応じて当色《とうじき》という色合いが定められていた。これら列立順や朝服の色によって、官人同士の上下関係が視覚的に示されるのはもちろんのこと、位が低くなれば天皇のいる空間とはそれだけ遠い場所に位置することになり、天皇との距離感をも身をもって実感することになった。こうした在り方は地方においても同様であり、国府《こくふ》などの儀礼では、国司の長官である守《かみ》以下の国司四《し》等官《とうかん》、そして郡司《ぐんじ》が順に列立し、官人秩序が明確に示されることになっていた。また、官人同士が道端で出会った際、下位者は上位者に対して挨拶をする必要がある。その際、相互の身位（相手が親王であるか、など）や位階の高低に応じ、下馬して挨拶する、あるいは下りないまでも馬を脇に寄せる、といった相応の礼を取らなければならなかった。

このように、官人身分を持つことは否応なく他人との差異を強調されることになり、高位の者であればあるほど身分の持つ意味は大きくなる。そしてこうした身分は、蔭子孫《おんしそん》や位子《いし》の制度によって、一族の中で再生産されるものであったことは既に述べた通りである。こうした優位性を持つ身分が再生産されるという点も、特権の大きな要素の一つであった。

二つ目の特権として、刑罰上の特権を挙げる。これについては前節で扱ったばかりなので、ここでは要点のみに留めるが、官人たちは官当《かんとう》・贖銅《しょくどう》といった換刑の制度や、議《ぎ》・請《しょう》・減《げん》などの減刑の制度によって肉体刑を受けない原則であった。これも、特権と評価してよいであろう。

三点目は、経済的特権である。これもすでに触れたが、位封《いふう》（食封《じきふ》）・位禄《いろく》・位田《いでん》といった身分給や、官職への奉仕による職務給としての季禄などを得られるのは、間違いなく官人の特権である。また一時的とはいえ、墾田永年私財法に身分の上下による開墾許容面積の制限などがあったことも、経済的特権に含められる。

最後に、経済的特権の一種ともいえるが、税制上の特権が大きな意味を持ったと考えられる。律令制の下では、基本的にすべての人に対して租《そ》・調《ちょう》・庸《よう》・雑徭《ぞうよう》といった税が課せられるが、官人身分になるとそうした課税が免除されることになっていた。

大きいものは、免課《めんか》役《えき》といって、租・調・庸・雑徭が免除となる区分で、税物はもちろん、労働も免除となる最大の特権である。八位以上の官人であれば、自動的に免課役となる。また初位であっても長上官《ちょうじょうかん》すなわちフルタイム勤務の官職にあれば免課役の対象であった。そのほか、舎人《とねり》、史生《ししょう》、伴部《ともべ》、使部《つかいべ》、兵衛《ひょうえ》、衛士《えじ》、仕丁《しちょう》、防人《さきもり》、帳内《ちょうない》、資人《しじん》、事力《じりき》、駅長《えきちょう》、烽長《ほうちょう》、勲位八等以上、雑戸《ざつこ》、陵戸《りょうこ》、品部《しなべ》といった、トネリクラスを中心とした下級身分の人々も、位がなかったとしても課役免除となった（賦役令《ぶやくりょう》19舎人史生条）。さらに、官人個人のみならず、一族にも免課役の特権が及ぶ場合もあった。三位《さんみ》以上の父祖兄弟子孫、五位以上の父子がそれにあたる（賦役令18三位以上条）。貴族とは、本人だけでなく親族も税を払わなくてよいという特権階級であった。

このほか、郡司の主政《しゅせい》・主帳《しゅちょう》、軍団の大毅《だいき》から兵士にいたるまで、牧《まき》の長・帳、駅子《えきし》、烽子《ほうし》、牧子《ぼくし》、国学博士、医師といった地方の下級官人、あるいはそれに準じる人々、諸学《がく》生《しょう》、侍丁《じてい》、里長、貢挙され試験に合格して叙位される前の者、勲位九等以下、初位といった官人制の入り口にあるような人々も免徭役《めんようえき》といって、庸と雑徭、つまり労働が免除となった。また、坊長、価長については雑徭のみが免じられた。（賦役令19）

このように国家の役職についている者は、下級身分にいたるまで、何らかの形で税が免除されるという特権を有していた。さらに、第一章第3節などでみたように、官人身分と全く無縁の者（白丁《はくてい》）へも官人となる門戸は閉ざされていなかった。このような状況にあって、官人身分の無制限な増加は、国家にとっては税収の減少をもたらすことにもなり、ある意味では諸刃の剣であったともいえる。ただ時代は下るが、元慶六年（八八二）の丹波国の豪族たちが、自らを蔭孫と偽って位階を得、徭役を免ぜられているのを国司が指摘して改めさせた、という史料がある（『日本三代実録』）。不正は許されないが、官人身分の獲得は、税の優遇と結びついて地方社会からの需要も高めたことをうかがわせる。そして国家からみれば、官人身分を持つ者を増やしてその把握に努め続けていることは、天皇や国家の直接的なコントロール下にある人員を増加させたい、ということに他ならない。

さて、税を払わない人とは、取られた税によって恩恵を受ける側であり、言い換えれば税を取る側になるということである。律令税制は、表向きは個々人に対して課せられるものであったが、徴収にあたっては共同体の存在が背景にあった。例えば租は、収穫物の一部を共同体で神に捧げつつ、不作や飢饉などのために備蓄する、初穂《はつほ》を起源とすると考えられているように〔小口一九九〇〕、律令国家の税は、まず共同体で集められることが多い。この共同体で徴収する側の人は、神を祭る祭祀的なリーダーであり、共同体の行政なども掌る実社会のリーダーでもある。人々は、神に捧げ物をすることで共同体に属するメンバーとなるが、それは同時にその地域のリーダーに従うことにもつながっている。こうした中にあって税を払わないということは、リーダーに対する従属の、物質的な面を断ち切ることにもつながる。また調や庸なども、地域内で分量や品目を調整したのちに上納することになっているので、同様に共同体の存在が前提である。このような中で、納税しない立場となることは、一般共同体成員よりも上の立場となったことを象徴したと推測される。

すなわち税を払わないという特権は、経済的な意味合いだけではなく、地域や共同体における権威の問題とも関わって重要な意味を持っている。九世紀以降になると、地方各地で官人身分を持つ者による横暴や対捍《たいかん》が起こるが、その背景には官人身分の持つこうした意味合いもあったと推測される。

†譲りあう人々

以上、官人が得ることのできる特権について整理した。こうした特権は、蔭子孫・位子や、五位以上の親族への課税免除など、親族へも及ぶこともあったことは注意される。つまり官人身分の特権とは、必ずしもその人一身にのみ影響を及ぼすものではなく、一族にも影響を与えるものであった。

一例を見てみよう。延暦四年（七八五）十二月、桓武天皇が長岡京に都を移した翌年の暮れのことである。いまだ長岡京造営は続き、木槌の音が絶えない日々が続いていた。すでに多くの人々が都づくりに動員されていたが、人手はいくらあっても足りなかった。そんな中、近江国の勝益麿《すぐりのましまろ》という人が、二月から十月にかけて延べ三万六〇〇〇人余りの役夫を長岡京造営に提供し、かつその食料は益麿の私財で賄ったという。この功績によって益麿は、従七位下の位から一気に外従五位下を授けられることになった。それにもかかわらず益麿は、その位を父親である真公に譲ることを願い出、認められた。（『続日本紀』延暦四年十二月辛未条）。

勝益麿とその一族について、当時の詳しい様子は分からない。ただ一般論として、父親が外位《げい》とはいえ五位の位を持っていれば、子の自分や一族にも一定の恩恵はある。たとえば蔭位は、令制では内位と同じ、神亀五年（七二八）以後は外正五位の嫡子が従八位上・庶子は大初位上、外従五位の嫡子が従八位下・庶子が大初位下に引き下げられているが、それなりにメリットはある。また位禄《いろく》や位田《いでん》も、外五位であれば内位の半分とはいえ支給対象となり、課役免除も父親まで及ぶことになる。（いずれも『類聚三代格』神亀五年三月二十八日官符）。こうした恩恵や特権をテコに、一族の力を強めてゆくことも可能である。益麿は個人ではなく、一族内で少しでも広く官人としての恩恵を享受できるようにしたいとの思いがあった可能性が考えられる。

このような地域における官人身分の譲り合いは、実は一般的な現象であったことが近年明らかにされつつある。

郡司は、任命されるとそれまで位階がなくとも大領《だいりょう》は外従八位上、少領《しょうりょう》には外従八位下の位が与えられる規定であった。郡司になれば位階を持つことができる、ということである。その郡司には任期が設定されておらず、その気になれば終身勤めることができた。通常の官職が四年ないし六年で任期満了となって異動することからみると、任期がないというのは異例である。在地の有力者を郡司に採用して郡務に当たらせつつ、従来の地域支配を終身保証する、という意味が持たされていたと考えられている。しかし現実には、この郡司のポストは数年単位で頻繁に交替が行われていたらしい。郡司に就任することで得られる位階や特権を目当てにした、地域内での譲りあいが行われていたことが有力視されている（須原二〇一一）。

また、時代が降って九世紀も後半に差し掛かった元慶七年（八八三）には、地方で郡司のポストを一族の間で無許可で譲与しあっていたので、きちんと申請してから譲与するよう制したところ、かえって位を持つ者が増えすぎ課税対象となる人が少なくなった、という事態が発生している（『日本三代実録』元慶七年十二月二十五日辛丑条）。国家は位階の授与にこだわる一方、地方の人々は申請をしないまま（＝位階を得られない）でも郡司という官職を求めており、この頃になると国家と人々の間での需要にねじれも生じている。とはいえ広い意味では、律令官人制が確実に地方社会へも広まり定着していった様子を読み取ることができる。

†都と地方

少し、話が地方に傾いてきた。本書では、もっぱら中央での人事を対象としているので、

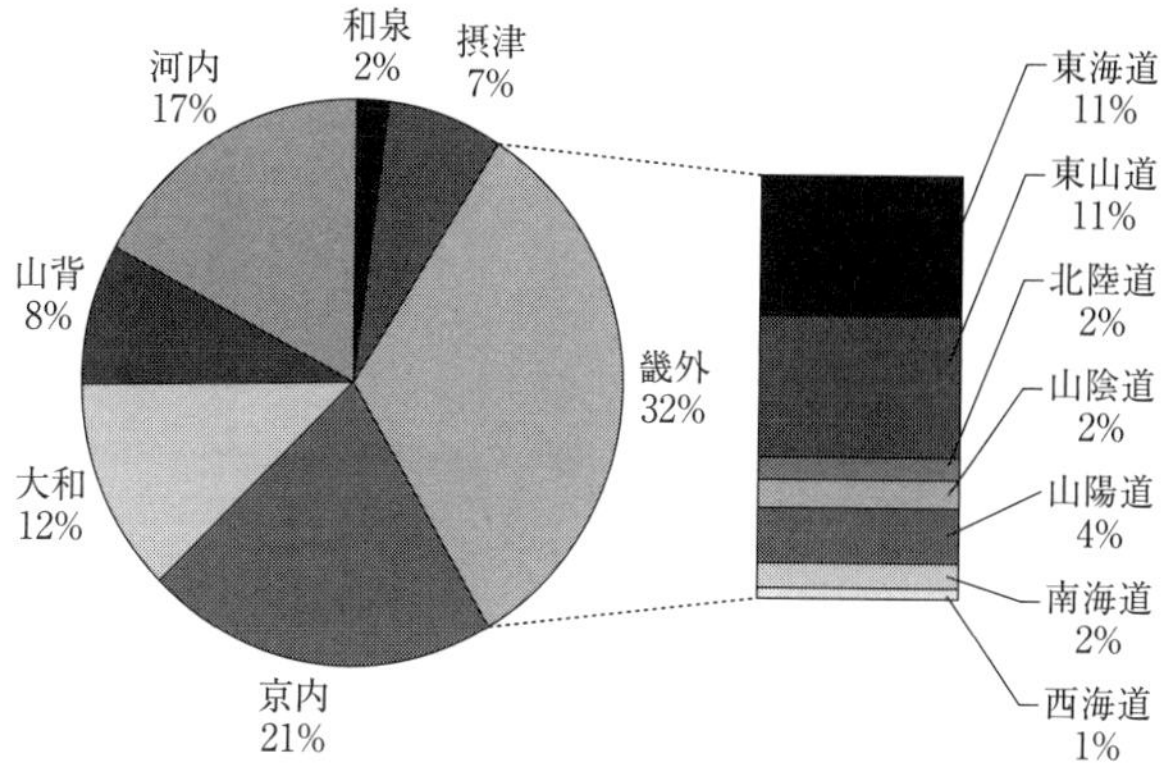

図表18　官人の出身地
（国立歴史民俗博物館『長岡京遷都　桓武と激動の時代』2007年）

やや脱線しているともいえる。ただ、中央と地方は密接に連動しており、中央の話をしているからといって地方から完全に目を背けるわけにはいかない。

平城宮式部省跡から出土した木簡には、平城京に出仕する官人の本貫地（本籍地のようなもの）が記載されている。これらを集計したグラフが図表18である。これをみると平城京内に本貫を持つ者は二一パーセントに過ぎず、大和・山背・摂津・河内・和泉のいわゆる五畿内がかなり多くを占めていることが分かる。しかし、京内・畿内の、現代風にいえば首都圏出身者を合わせても六八パーセントに過ぎず、その他三二パーセントは畿外諸国に本貫を持つ者であることが分かる。平城京に勤める官人たちの、実に三割程度は地方の人間だったのであり、地方も巻き込んで官人制が展開している様子がよく表れている。

†威信財としての官人身分

ところで、地方も含めた官人制の波及という意味では、和銅四年（七一一）に制定された蓄銭叙位令《ちくせんじょいれい》を欠くことはできないだろう。貯めた銭に応じて位階を授ける、という制度である。従六位以下の者は、銭一〇貫以上を貯めていれば位一階、二〇貫以上は二階の昇進となった。また初位《そい》以下は五貫ごとに一階昇進という少し優しい基準となっている（ただし従八位下に入るときは一〇貫）。なお正六位より上で一〇貫以上貯めている場合には、天皇が判断することとなっていた。

銭一貫は一〇〇〇文（＝枚）に相当するが、奈良時代半ばの馬一頭の価格が八〇〇文〜一〇五〇文程度であるので、叙位を目指すにはそれなりの蓄財が必要である。地方も含めた貨幣の浸透を目指したものであったが、結果的に、銭を貯めるばかりで流通が阻害される傾向にあったため、奈良時代のうちには廃止されてしまう。しかしその後も、貯めた銭を国家に献上して位階を得る奉献が定着するように、銭（＝富）が位階に直結するものと観念づけられてゆく。つまり位階は富と結びつくものであり、位階を持っていることと自体が、その人の財力とともに権威を示すものになったとみられる〔中村二〇〇四〕。

威信財《いしんざい》、という言葉がある。その地域では独自に生産されない、他所からのみ入手することができるもので、それを保有・再分配することでその人の権威を高める、という性格のものである。弥生時代の銅鏡などを思い起こしていただければ分かりやすいだろうか。自前で鏡を作ることができない地域でも、北九州や大和などとのつながりによって鏡を入手し、周辺地域に再分配することで、地域内での権威を高める性格を有したことはよく知られている。

古い例をもう一つ上げよう。五世紀における倭の五王は、中国南朝の宋への朝貢によって、倭王が中国の皇帝から将軍号を授けられた。また倭王たちは、自らの将軍号を願い出るとともに、倭国内の有力者を、将軍の属僚（長史・司馬・参軍など）や郡太守として編成し、あるいは倭国内の有力者の将軍号申請なども行っていた。倭王の将軍号を軸に、その下への官人身分が再分配されているとみれば、身分が威信財として機能した例といえる。

律令制下の官人身分も、蓄銭叙位令を通じて威信財の一つとなっていったと考えられる。官人身分は、譲り合いといった例はあるものの、究極的な叙任権は天皇にあるので他の物

図表19　紺玉帯残欠
（正倉院宝物）
なお本品の飾り部分は紺玉（ラピスラズリ）でできており、高貴な身分にある人が用いたものとみられる。通常の銙帯には、石や金具が用いられた。

品と同様の純粋な再分配はできない。そこで、官人が用いる帯を飾る金具や石製品が、これに代わる場合があったようだ。官人たちの腰に巻かれた革帯には、図表19のような方形（巡方《じゅんぽう》）や丸形（丸鞆《まるとも》）の飾りがつけられていた（銙帯《かたい》）。これが、たとえば東北地方などでも古墳などから出土するように、故人の権威を示す副葬品となった様子を見て取ることができる。また、果ては北海道でも銙帯金具の出土例が知られている（余市町大川遺跡）。つまり、官人身分があまり、もしくは全く浸透していない地域において、官人身分を象徴する帯金具などが貴重品として受容されていたことになる。また送り手の方では、官人身分に伴って得た物品が他所で貴重品となることを理解していることになる。

北海道ではほかに、富寿神宝という九世紀に律令国家が発行した銭なども出土している

（千歳市ウサクマイN遺跡）。こうした品物が官人制と遠い地域へも届くのは、交易の存在も不可欠であったと考えられる。

†ネットワーク形成と交易

先に見た蓄銭叙位令は、平城遷都の翌年に施行されている。古代の遷都は、都が移っておしまいではなく、遷都の後も造営事業が続くことがほとんどである。そうしたことから蓄銭叙位令とは、位階と引き換えに国家が人々の私富を吸い上げ、平城京造営の財源に充てるための方策であった可能性が高いと考えられている。大事業による支出増を補うために、官人身分のバラマキを行っていたともいえる。

こうした造営事業において、豪族をはじめとする人々の私富を利用することはよくある。さきほど挙げた長岡京造営時の近江国の勝益麿などもその一例である。

似たような例の一つとして、東大寺の造営についてみてみよう。東大寺造営時には、「知識《ちしき》」（仏教のもと、人々が集まって財などを供出しあい、造寺・造仏や造橋などの公共事業といった作善《さぜん》行為を行うこと）の名目で、多くの労働力や物資が集められた。

東大寺の沿革についてまとめた寺誌である『東大寺要録』には、こうした知識のうち、天平十九年（七四七）に大規模な寄付を行った人々を列挙している。

利波志留志米五千斛　河俣人麿銭一千貫
物部子嶋銭一千貫、車十二両、牛六頭　甲賀真束銭一千貫
少田根成銭一千貫、車一両、鍫二百柄　陽侯真身銭一千貫、牛一頭
田辺広浜銭一千貫　板茂真釣銭一千貫
漆部伊波商布二万端　夜〔大友カ〕国麿稲十万束、屋十間、倉五十三間、栗林二丁、家地三町

ここに挙げられた人々は、『続日本紀』などをみると、この献物によって外従五位下の位を授けられたことが確認できる。注意されるのは、ここに地方の人も多く含まれていることである。ある程度確実に出身地が分かる者としては、利波志留志《となみのしるし》（越中）、河俣人麻呂《かわまたのひとまろ》（河内）、甲賀真束《こうかのまつか》・大友国麻呂《おおとものくにまろ》（近江）、漆部伊波《ぬりべのいば》（相模）程度であるが、相模や越中といった比較的遠方の人も含めて、地方で多くの財を持つ者があり、それらが献物によって叙位されたという事実が見て取られるだろう。

ところで、このうちの漆部伊波という人物は、商布《しょうふ》二万端を献上したとあった。商布と

は交易用の布のことである。そうした物を二万端も持っていて、献納するだけの余裕があったとみられる。伊波は相模国の豪族であるが、難波《なにわ》にも宅地を保有していた史料が残っており、少なくともこの二つの拠点を行き来して遠距離交易を行っていたらしいことも明らかになっている〔栄原一九九二など〕。この伊波は、もともと従七位上の位を持っていたが、この献物によって外従五位下を授けられた。天平二十年（七四八）のことである。

東大寺への献物からしばらくののち、伊波の目覚ましい躍進が始まる。まず、天平宝字四年（七六〇）、佐渡守《さどのかみ》に任ぜられた。もともと相模と難波を結ぶ活動をしていた伊波にとって、彼の交易圏を拡大するのに一役買ったかもしれない、という推測もかき立てる。それはさておき伊波はその後、天平宝字六年の贓贖正《あがもののかみ》への任官を経て、天平宝字八年には従五位下に昇進した。外位から内位に入ることができたのであり、地方出身者としては異例の昇進といっても過言ではない。その翌年、天平神護元年（七六五）正月には勲六等を授けられ、十二月には右兵衛佐《うひょうえのすけ》に任ぜられた。さらに神護景雲二年（七六八）二月、相模《さがみの》宿禰《すくね》を賜姓され、相模国国造《こくぞう》に任ぜられた。七月には修理次官《しゅりのすけ》を兼任する。

このように伊波は、中央の官職を歴任する、中央官人の列に加わったのであるが、そのキャリアの中で相模の国造に任ぜられている。国造とは本来、七世紀以前の地方首長のうち、大和政権に服属した者に与えられたものであり、律令制以前の古い支配体制の一つである。律令制下では、出雲など有力な神社を管轄するような、一部の地方豪族を中心に残存したにすぎず、奈良時代も後半を過ぎた称徳朝に国造の任命が行われたことは、やや時代遅れな感もある。称徳女帝が地方出身者を国造に任じて側近に配置することで、天皇が全国を支配していることを象徴的に示そうとした、との指摘があるが〔長谷部二〇〇四〕、称徳女帝の特殊な政権意識が背景にあった可能性もある。

ともあれ伊波の経歴は、交易で得た財を元手に官人として中央での高い身分を獲得し、さらに地元での立場もより強固なものにした、とまとめられるだろう。

官人制の全国への展開は、多くの人や情報の移動が伴うものであり、それと同時に交易など物の移動も促進したとみられる。地方豪族も国司に付いて上京することがあったし、彼らが京で交易することもあった。つまり、官人制は人や物の移動にとっての、インフラのような側面もあったと評価できる。

†仲麻呂の乱――奈良時代後半の政治動向①

先の漆部伊波の経歴のうち、内位である従五位下となったのは、ある事件がきっかけでである。それまで政権の中枢にあった藤原仲麻呂《ふじわらのなかまろ》の失脚と敗死、いわゆる仲麻呂の乱である。

仲麻呂が廟堂で力を付けたきっかけは、光明皇后との関係によって聖武・光明・孝謙一家の家産管理に関わったことにある〔十川二〇一七〕。仲麻呂の権力基盤となった紫微中台《しびちゅうだい》という官司は、光明皇后の家政機関がベースとなって成立したものである。また仲麻呂は、舎人親王の子であった大炊王《おおいおう》を次の皇位継承者とすることを目論み、私宅である田村第《たむらのだい》に囲い、亡男の妻をめあわせ、身内として取り込むことでさらに権威を固めた。大炊王は天平宝字二年に孝謙から譲位されると(淳仁天皇)、即位の立役者である仲麻呂に対して、内保《ないほ》(右大臣)の地位・藤原恵美朝臣押勝《ふじわらのえみのあそんおしかつ》の姓名・尚舅《しょうきゅう》の尊称を与えて目いっぱいの権威付けを行った(本来であれば、これ以後は恵美押勝というべきだが、ここでは煩雑なので仲麻呂のまま話を進めたい)。さらに功封《こうふ》三〇〇〇戸・功田一〇〇町という莫大な経済的特権を与えたのみならず、一般には禁止されていたはずの私鋳銭《しちゅうせん》・私出挙《しすいこ》、つまりは私的な貨幣鋳造と私的な金融の権利を与えたのである。このように仲麻呂の厚待遇ぶりは〝超〟が就くほどのものだったのであり、いかに淳仁から重要視された存在であったかがうかがえる。

こうしたことから、古くは仲麻呂を独裁的・独善的な悪役として理解する向きもあったが、仲麻呂の政策そのものは、度重なる大事業を行った聖武朝の出費をうけて、国力を回復させようとした有能な政治家だったという評価が、近年では一般的である。その内容は、課役負担の軽減・新銭発行・物価安定策など、律令支配体制と社会の現状との調整のような政策が多い。

仲麻呂は、天平宝字四年（七六〇）正月、太師《だいし》という、太政大臣に相当する待遇に任ぜられ、権力の絶頂に上り詰める。しかし同年六月に、本来の後ろ盾であった光明皇太后が病死すると、少しずつ歯車が狂い始めることになる。光明皇太后という、天皇家に大きな影響力を持つ人物との関係を失ったことによって、仲麻呂の権力の源泉は淳仁との関係だけとなった。そしてその淳仁にも、不穏な空気が漂いはじめる。

天平宝字五年、平城宮を改作するため、天皇・太上天皇が近江国保良宮《ほらのみや》（滋賀県大津市の石山国分遺跡か）へ一時的に遷った。そこで孝謙太上天皇が病に臥せるのだが、回復後、孝謙の病気平癒に尽力した看病禅師《かんびょうぜんじ》の道鏡《どうきょう》に対する過度な寵愛が始まった。淳仁はこれを諫めたが、そこから天皇・太上天皇の間に不協和音が生じはじめたらしい。翌年には孝謙太上天皇が、賞罰すなわち人事と国家の大事は自らが行う、と宣言することになる。もっとも、国家の意思の発動に必要な鈴印《れいいん》（駅鈴と天皇御璽・太政官印。第一章参照）は淳仁のもとにあるので、孝謙が直接大権を奪う訳ではないが、天皇と太上天皇が違うことをやる可能性があると宣言したことに変わりはない。

　こうした中、仲麻呂は、国家の要職を身内で固めるという方策に出て、息子の真先《まさき》・訓儒麻呂《くずまろ》・朝獦《あさかり》らを参議に、少湯麻呂《おゆまろ》・薩雄《さつお》・辛加知《からかち》・執棹《さおとり》らを衛府や三関国《さんげんこく》の国司に任じた。参議は言うまでもなく太政官の議政官であり、衛府は宮城を守る武官である。三関国とは越前・美濃・伊勢の三国で、東国へ向かう要衝に、それぞれ愛発《あらち》・不破《ふわ》・鈴鹿《すずか》という関が配備され、天皇の代替わりや政変の際には不慮の事態を避けるために封鎖が行われた(固関《こげん》)。つまり仲麻呂は、行政機構、中央軍事組織、さらには交通の要衝の人事を、身内で固めたことになる。

　このような仲麻呂の方針には、当然反発もあった。天平宝字七年には藤原宿奈麻呂《ふじわらのすくなまろ》・石上宅嗣《いそのかみのやかつぐ》・佐伯今毛人《さえきのいまえみし》・大伴家持らによる仲麻呂暗殺計画が発覚している。同じ藤原氏とはいえ、仲麻呂は武智麻呂《むちまろ》に始まる南家《なんけ》であり、宇合《うまかい》の系譜である式家《しきけ》の宿奈麻呂としては、仲麻呂家への権力集中は愉快なものではなかったろう。

　しかし天平宝字八年九月、仲麻呂は都督《ととくし》四畿内《きない》三関近江丹波播磨等国兵事使《へいじし》に任ぜられた。すなわち畿内近国の兵馬の権を掌握したことを意味するが、このことが孝謙太上天皇を刺激した。孝謙の側は、駅鈴と天皇御爾(内印《ないいん》)の奪取という強硬手段に打って出たのである。激突ののち、争奪戦に敗れた仲麻呂は、太政官印（外印《げいん》）を持って近江へ逃亡する。両者が、国家権力の発動に必要な印や鈴を重要なものと考えている点からは、官僚制に基づく行政手続がかなりの程度定着している様子をうかがい知ることができる。しかして仲麻呂は、近江での転戦のさなか、新たなよりどころとして塩焼王《しおやきおう》を新たな天皇に擬するなどの策を繰り出すが、遂に追い詰められていち兵士により斬殺されるという最期を迎えた。仲麻呂の首は、都へ運ばれたという。

さきにみたように、五位以上官人の昇任や人事には、天皇の裁量が大きく働く。仲麻呂が権力の絶頂に登ったのは、制度的には淳仁天皇の存在があった故ともいえる。しかしその天皇が太上天皇との確執によって力を失ったことにより、仲麻呂でさえも失脚への道を歩むことになったのである。

†称徳朝と道鏡――奈良時代後半の政治動向②

さて、仲麻呂の乱の後、孝謙太上天皇は道鏡を大臣禅師《だいじんぜんじ》に任じた。こうして道鏡は、官人ではない僧籍にありながら、官人としての権力も併せ持つことになる。また吉備真備《きびのまきび》など、孝謙派として活躍した者も議政官に任じた。こうした論功行賞の中で、ここまで本書で挙げたような人物では、秦石竹《はたのいわたけ》（第一章）は外五位を、漆部伊波（本章）は内五位の位を、それぞれ獲得するなど、孝謙側に立った人々は高位を与えられていった。

さらに太上天皇は、淳仁天皇を廃して淡路に流し、自ら重祚《ちょうそ》した。ここから先は、称徳天皇と表記することとする。称徳重祚の翌年、道鏡は太政大臣禅師となった。太政大臣は、天皇の師範たるべき人物が就くポストであるので、いかに称徳が道鏡に厚い信頼を寄せていたかがうかがえよう。さらに道鏡は、法王《ほうおう》となって世俗の権威を超越することになる。道鏡法王下の太政官では左大臣に藤原永手《ふじわらのながて》（房前《ふささき》の子）、右大臣には吉備真備が配置されたが、それ以上に特徴的なのは、中納言に道鏡の弟である弓削浄人《ゆげのきよひと》が任ぜられたほか、大納言に准じる法臣《ほうしん》として大僧都《だいそうず》円興《えんこう》、参議に准じる法参議として大律師《だいりつし》基真《きしん》、と、僧が議政官に加えられた点である。身内や、自身に近い僧を議政官に送り込んで、権力を掌握しようとした様子がきわめてよく分かる。

さて、称徳朝の基本政策は、原則として前代と変わらない。儒教的秩序を重視し、節婦や孝子といった儒教的な社会秩序を体現した人物の積極的な表彰などが行われた。また東北経営・対外政策なども、従来からの大きな方針転換はなく、その後の政権へも継承されていった。社会秩序や国際関係などを軸とした国家の安定化が、奈良時代中後期に一貫して図られたものと考えられる。人事制度の関係では、仲麻呂政権下で史生以上の官人採用の条件として定められた、律令格式と『維城典訓《いじょうてんくん》』（則天武后が編纂させた教訓書）の必修が、平安時代以降まで官人採用の条件として定着している。このような、政権の上層部が変化しても政策に根本的な変化が見られない状況は、国家の行政機構が成熟してきたことを示すものと評価されている〔渡辺二〇〇一〕。律令国家においては、政治家と官僚はイコールである。律令の原則に従って国家を動かすという在り方が、この頃にはしっかりと根ざしつつあったのだろう。

ただ、称徳朝ではいくつか特徴的な大規模事業も行われた。宮都の関係では、道鏡の故郷である河内国に由義宮《ゆげのみや》を造営し、称徳の行幸も行われて「西京《さいきょう》」という副都としての位置づけも与えられた。また主都である平城宮においては、東院玉殿《とういんたまどの》の造営も行われた。平城宮の東に張り出した区画である東院の一角を、池や鑓水《やりみず》を配した庭園のある、天皇の私的な宴会を行う空間として整備したのである。『続日本紀』には、ここに瑠璃《るり》の瓦が葺かれたことなどが記載されており、発掘調査によっても緑釉瓦《りょくゆうがわら》の出土が確かめられている。

また仏教関係では、百万塔（二一・五センチメートル程度の三重塔のミニチュアで、中に世界最古の印刷物ともされる百万塔陀羅尼《だらに》を納めたものを百万基作る）の製作や、西大寺・西隆寺といった寺院造営が大きな事業である。西大寺の造営には仲麻呂暗殺計画も企てた佐伯《さえきの》今毛人《いまえみし》が、西隆寺の造営には、称徳直属の武官を勤めた伊勢老人《いせのおきな》がそれぞれ当てられ、天皇肝煎の事業を遂行した。造営事業には、天皇に近い人物が充てられることが多いが、称徳朝にはそれが特に顕著である。さきにみた漆部伊波《ぬりべのいば》も、最終的には修理次官《しゅりのじかん》という造営関係の官職に就いているので、称徳の信が厚かった可能性を読み取ることができる。

こうした事業によって財政支出も増大したことは言うまでもないが、そのことがやはり大きな反感をもたらしていたらしい。

宝亀元年（七七〇）四月、由義宮から平城宮へと戻った称徳は体調を崩し、六月には不予《ふよ》に陥ってしまう。一時何とか持ちなおしたものの、ついに八月、五三歳でこの世を去った。道鏡にとっては大きな打撃であり、埋葬が済んだ後も、道鏡は称徳の墓のそばから離れなかったという。『続日本紀』の記述では、称徳の晩年の政権運営について、

勝宝の際、政、倹約を称《い》う。太師（仲麻呂）誅せられてより、道鏡、権をほしいままにし、軽《かるがる》しく力役《りきえき》を興し、務めて伽藍を繕う。公私に彫喪《ちょうそう》して、国用足らず。政刑日に峻《さが》しくして殺戮妄《みだ》りに加う。故に後の事を言う者、頗《すこぶ》るその冤《つみ》を称う。

と述べている（宝亀元年八月丙午条）。仲麻呂の時代は倹約を旨とした政治が行われていたが、仲麻呂が誅殺されて以後は道鏡が権力を握り、人々を動員して寺院整備にいそしんだため、国力は疲弊し財政状況も悪化した。さらに厳しい刑罰を加えて人々を簡単に殺した、という。要するに道鏡に責任が擦《なす》り付けられる形での政権批判がなされている。

こうした『続日本紀』の論調からもうかがえるように、称徳が不在となると、道鏡は一気に失墜する。「奸謀」が発覚したとして、下野薬師寺《しもつけやくしじ》に左遷され、そのまま死を迎えたのである。道鏡左遷の時の記述には、

今、先聖《せんせい》の厚恩を顧みて、法に依りて刑に入るることを得ず。故に、造下野薬師寺別当に任じて発遣す。

とある（宝亀元年八月庚戌条）。先帝である称徳の恩寵があった人物なので、法に基づいて刑を与えるのではなく、造下野薬師寺別当として派遣することにした、という。こうした左遷の在り方は、前節でみたような、散位に落とすという処分と相通ずるものがある。

道鏡は、官人ではないながらも、称徳の引き立てによって仏教界・官人社会それぞれの頂点に登った。しかし、やはり称徳の後ろ盾を失うと瞬時に失脚するように、その権力の源泉はあくまでも称徳個人との結びつきによってのみ存在するものであった。

†官人身分のメリットとリスク

前章でみたように、官人の大多数を占める六位以下官人は、官職になければ基本的に給料は発生しなかった。しかしそれでも官人には、身分的・経済的に種々の特権が制度上用意されていた。そして、天皇と特殊なつながりを形成することができれば、一気にその恩寵を得て権威の絶頂まで上り詰めることもできる。またそこまで行かずとも、漆部伊波のように、都と地元の双方で地盤を固めてゆくことも可能であった。そうして得た地位によって、制度的な恩典もより厚いものへと変化することができる。こうした特権を享受しながら、自己の利権はもとより、一族の力を高めてゆくこと。それが官人にとって、官人であり続けることの意義なのだろう。

また、天皇と特殊な関係を築くまでは至らずとも、種々の税制上の特権や、それに伴う地域での権威確立など、多様なメリットが存在したことはすでに述べた通りである。このような中、地方を含む多くの人々に官人制が受容されてゆくこととなり、後々の時代まで定着する素地が形成されたのである。

ただし、官人身分になることは天皇の下に一元的に序列化され、より強い国家的な統制を受けることにもつながる。政変によって散位に落とされた人々は、位階はそのままながらも不遇を囲い、不幸な最期を遂げた者も少なくない。高い身分であればあるほど、官人であることのメリットも、統制によるリスクも大きくなってゆく。官人身分として飼い馴らされることは、その身分を介して飼い殺しにされるリスクとも表裏一体なのである。

第四章

平安京と官人制の転換

1　平安遷都と官人社会

†山背から山城へ

称徳の後に皇位に立てられた光仁天皇は、天智天皇の孫にあたる。奈良時代の天皇は、天智天皇の弟である天武天皇の子孫で受け継がれてきたので、ここで皇統が交代した、と評価することもある。光仁の皇太子として当初立てられていた他戸《おさべ》親王は、謀反の疑いによって廃され、代わって山部《やまべ》親王が皇太子となった。のちの桓武天皇である。

桓武の時代といえば、長岡京・平安京の、二度の遷都を忘れることはできない。それまでもっぱら大和国に置かれていた都が、山の向こうの山背国に移るというのは、エポックメイキングな出来事であった（図表20）。

長岡京遷都は、延暦三年（七八四）に実施される。この時の遷都は、単に平城京から長岡京へ移った、というだけではない。それまでは、主都として平城京があったほか、副都として難波京《なにわきょう》も継続して営まれていた。難波京は瀬戸内海への入り口となる大阪湾に面し

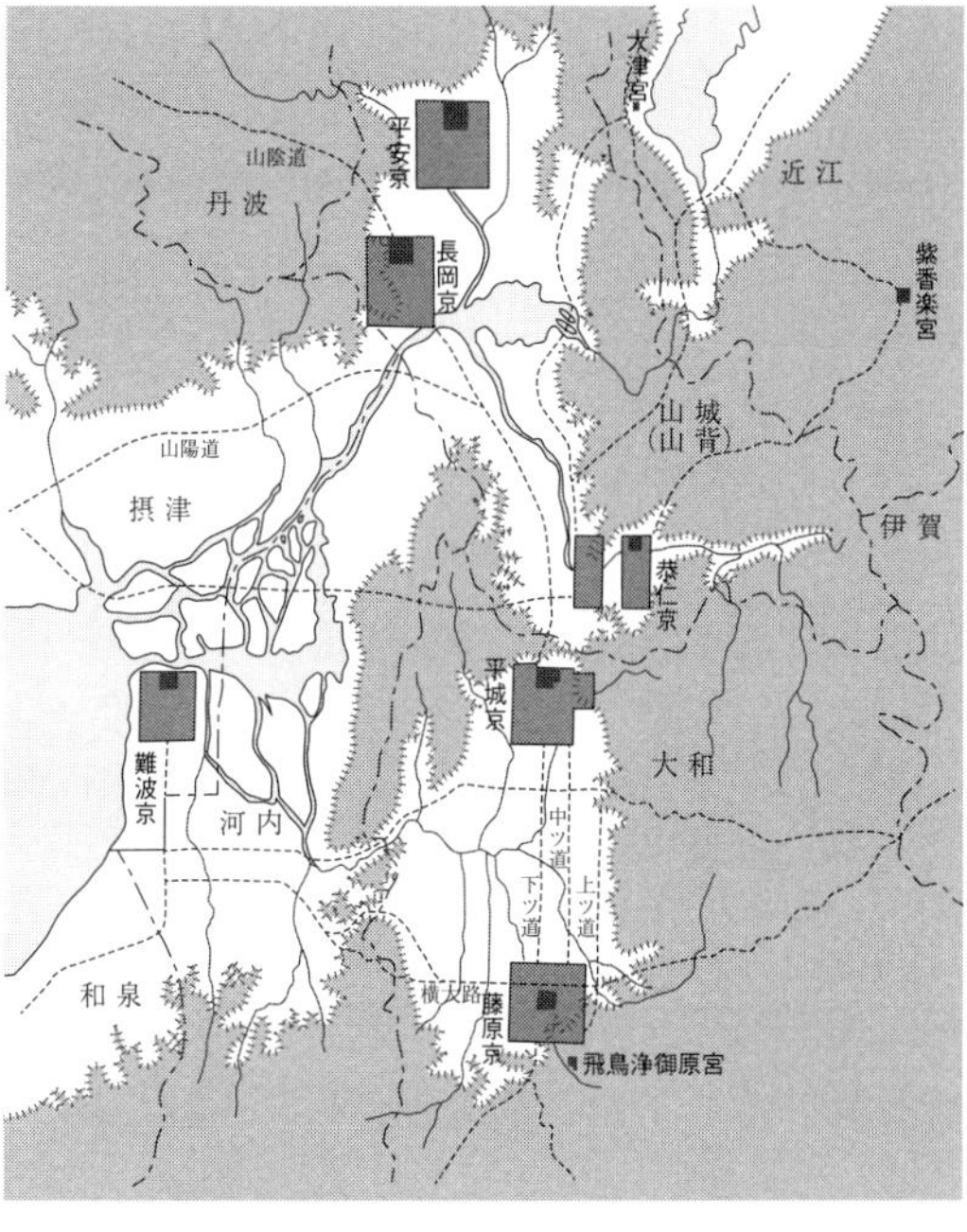

図表 20　都城位置図

（奈良文化財研究所編『日中古代都城図録』クバプロ、2002年）

ており、外交の窓口や流通の拠点として、内陸にある平城京が担えない機能を分担していた。長岡京では、新たに三国川を開削して山崎津という港を設け、この両者の機能を一つにまとめた。また、先に難波を解体して長岡京へ移築すれば、平城京はある程度残した状態での遷都も可能となる。このような事情の中で長岡遷都は、平城・難波という二つの都を廃止して実施されたのである。

　平城京に出仕していた人々が、多様な地域から集まっていたことは前章で述べた。そのうち京内と大和国に本貫《ほんがん》をもつ人々は三三パーセントで（一六三頁、図表18）、ほぼ三分の一が近隣に本貫を持つ人々によって構成されていた。一方、難波宮には摂津・河内・和泉といった、比較的難波に近い地域からも多くの人々が出仕していたと考えられる。平城・難波に出仕していたこれらの人々は、都が長岡に移されることによって、本貫地との分離を余儀なくされた。このことは、延暦十三年に平安遷都が行われても同じである。桓武朝には、京内に本貫を移す京貫《きょうかん》という措置を行ったことがたびたび見えており、長岡・平安京への遷都をきっかけとして、京内に本貫を持つ都市民の形成が促されたと考えられる。

　こうして山の向こうであった山背国は、山城国へと国名表記を変え、王城の地へと転生を遂げたのである。このことが、官人たちの在り方にも大きな影響をもたらした。

†土師氏の一族

桓武朝に京貫が政策的に行われたことにより、都を本拠地とする都市民あるいは都市貴族というべき人々が増加した。

氏族の出自や本貫を記した『新撰姓氏録《しんせんしょうじろく》』（弘仁六年完成）から、土師《はじ》氏という氏族を抜き出してみよう。

右京　土師宿禰、菅原朝臣（土師宿禰同祖）、秋篠朝臣（同上）、大枝朝臣（同上）
山城国　土師宿禰
大和国　土師宿禰（秋篠朝臣同祖）
摂津国　土師連
和泉国　土師宿禰（秋篠朝臣同祖）、土師連（同上）

まず京内に、土師宿禰と、先祖を同じくする菅原・秋篠・大枝といった氏族がいることが分かる。さらにそのほかに畿内を見渡してみると、山城・大和・摂津・和泉に土師宿禰・土師連が分布している。さらに大和と和泉の土師宿禰・土師連は、特に秋篠朝臣と同祖であるとの注記が付されているように、比較的近い関係の一族であったことが読み取られる。畿内の各地に分布していた土師氏の一族から、京内に本貫を移された人々があったことを物語る。

さて、この土師氏という氏族であるが、もともと喪葬に関わる氏族であり、殉死の慣行をやめるために墓所に埴輪を置くことを始めた、という埴輪の起源伝承を持つ一族であった。こうした伝統的な職能を持っていたために、八世紀では、天皇の陵墓などを管理する諸陵寮《しょりょうりょう》はもっぱら土師氏によって支えられていた。この点、八世紀の官司運営が必ずしも官僚制の原理だけではなく、七世紀以前からの氏族の職掌によって支えられる面もあったことを示している。

ところが天応元年（七八一）、土師氏の一族の中で、居住地の名によってウジ名を改めたいと願い出る一族が現れた。その申請内容を大まかにまとめると、〝我々の先祖は葬礼に関わる一族ですが、その祖先の仕事は、天皇の喪葬の際には凶を掌り、祭日には吉に預かってきました。ところが現在は、もっぱら凶儀にのみ関わっていて、これは本来のあり方ではありません〟という。そして、居住地の地名によって、菅原と改めることを願い出、許可された（『続日本紀』天応元年六月壬子条）。その後、他の一族からも同様に改賜姓の申請が出され、秋篠、大枝といった新しい氏族が誕生することになったのである。

こうした流れの中で延暦十六年（七九七）に〝凶事は一つの氏族にのみ負担させないように〟として、喪葬に土師氏のみが任官する慣習が廃止された。殯宮《もがりのみや》での儀礼については左右大舎人《さゆうおおどねり》・雑色人《ぞうしきにん》らを、毎年十二月に陵墓に派遣される荷前使《のさきのつかい》には、蔭子《おんし》孫《そん》・散位《さんに》・位《い》子《し》らを充てることとなった。彼らはそもそも、正規に任官するまでは雑使に充てられるような人々であるが、そうしたある種の余剰人員の恒常的な活用先が公的に定められたものとも理解できる。そして諸陵寮官人も、土師氏を中心とした体制ではなく、藤原氏なども含めた多様な氏族によって構成されるようになってゆく。つまり諸陵寮は平安時代にいたって、氏族が持つ職掌の原理から、官僚制の原理へと転換したことになる。都市民となった土師氏が進めた新たな一歩は、時代の潮流も相まって大きな一歩となったといえる。

またこの土師氏から生まれた新しい氏族は、菅原氏は清公《きよきみ》―是善《これよし》―道真《みちざね》、大枝氏はのちに大江氏と改め音人《おとんど》―千古《ちふる》―維時《これとき》そして匡衡《まさひら》や匡房《まさふさ》へと続いてゆく、文人官僚の一族へと転生を遂げる。桓武朝以降、平安初期の唐風化政策の中で漢詩文が重視される、いわゆる文章経国《もんじょうけいこく》の思想が前面に出てくる。またその中で、儒教的な知識を深めた人々が良吏《りょうり》として特に国司に任ぜられ、変化を続ける地方社会と向き合う役割を期待された。土師氏から生まれた彼らは、そうした新しい時代の担い手となってゆくのであった。

†貴族層の再編——平安初期の政治動向

では、名門貴族たちはどうだろうか。

大和朝廷以来、政権を支えてきた伝統的な豪族たちは、大和盆地をはじめとする都の近郊に田地を含む拠点を保有していた。藤原京や平城京といった都城ができると、豪族たちは都城の中に住まいを与えられ、そこに集住する。とはいえ、必要があれば郊外の本拠地に帰ることができた。こうした郊外にある本拠地の存在を背後におきながら、都城で官人として活動するというのが奈良時代までのスタイルである。ところが、都が遠く山背に遷るとなるとそうはいかない。奈良時代の政治を担ってきた有力豪族のうち、大伴氏・佐伯氏・石上《いそのかみ》氏のような大和国に勢力基盤を持つものからすれば、山城遷都によって大和を離れることに抵抗を感じる者も多かったと推測される。

延暦四年（七八五）九月二十三日、桓武の腹心として長岡京造営の指揮を執っていた藤《ふじ》原種継《わらのたねつぐ》が何者かに暗殺されるという事件が発生した。平城旧京に行幸中であった桓武は長岡京へ取って返し、事件の翌日には犯人として大伴継人《おおとものつぐひと》・竹良《つくら》らと数十人の党与が捕縛され、尋問の末、法に従って斬刑・流刑に処されたという。彼らの多くは早良《さわら》親王の春宮坊《とうぐうぼう》官人であり、春宮大夫《だいぶ》であった大伴家持《やかもち》もその影響を受けた。家持は実は、事件発生前の八月二十八日にこの世を去っていた。ところが、まだ埋葬も済まないうちに発生した種継暗殺事件によって、同族の継人・竹良が捕まってしまった。『続日本紀』延暦四年八月庚寅条に載せられた大伴家持の略伝には次のようにある。

　中納言従三位《じゅさんみ》大伴宿禰家持死す。（中略）死後廿余日、その屍いまだ葬られざるに、大伴継人・竹良ら、種継を殺し、事《こと》発覚し獄に下る。案験するに、事、家持らに連なる。これにより追って除名《じょみょう》す。その息永主《ながぬし》ら並びに流に処せらる。

死後ながら、家持は除名となり、息子の永主らも流罪に処されたという。この記事の冒頭、家持は「死す」と表記されている。三位以上の官人は、亡くなった時には「薨《こう》」と表記されるが（四位・五位の場合「卒」）、死後に除名されたことにより、六位以下から庶人に用いられる「死」と表記されるほかなかったのである。激動の奈良時代を生き抜き、大伴氏を何とか支えてきた苦労人は、死してなお辛酸を嘗めさせられることとなった。

その後も大伴氏の受難は続く。

八二〇年代を過ぎると、淳和天皇の諱《いみな》(大伴親王)を避けるため、大伴氏は伴氏と名を改めていた。その伴氏を牽引してゆくのが、さきほど種嗣暗殺事件で捕まった継人の孫、伴善男《とものよしお》である。善男は大納言まで登り、大伴氏からは久しぶりとなる議政官の登場であった。ところが、貞観八年(八六六)閏三月十日の夜、朝堂院の正門である応天門《おうてんもん》で火災が発生し、前方左右に連なる棲鳳《せいほう》楼・翔鸞《しょうらん》楼という二つの楼閣もろとも焼失するという事件が起きた。大内裏の中でも、官人の集う最もシンボリックな空間である朝堂院の正面玄関が焼け落ちるという事件の、社会に与えたインパクトは大きかったであろう。のちの作にはなるが、『伴大納言《ばんだいな》絵詞《ごんえことば》』にも、焼失の様子が生々しいタッチで描かれている。

事件から約五カ月後の八月三日、備中権史生《ごんのししょう》であった大宅鷹取《おおやけのたかとり》という人物が、応天門の火事は伴善男・中庸《なかつね》父子の放火である、と告発した。その後、『日本三代実録』によれば、善男に対する審問が始まる中、鷹取の女子を殴り殺したとして善男の従者の生江恒山《いくえのつねやま》と伴清縄《きよただ》が拷問を受け、放火犯は善男らであると自白した。そして、善男は伊豆、中庸は隠岐など主犯・縁坐合わせて十数名が配流されるという結末を迎える。

この事件の処理過程で、太政大臣で政界の首班であった藤原良房《よしふさ》に、天下の政を摂行せよとの命が下り、人臣初の摂政が誕生する。応天門は本来「大伴門」という大伴氏のウジ名を冠した門であったとみなされることもあり〔舘野二〇〇〇〕、善男らが自ら放火するとは考え難く、良房らの陰謀であったとする説も根強い。ただ、良房を中心とする藤原北家は、この時期までの政変で他氏より抜きんでた地位や立場をすでに盤石なものとしていた。弘仁元年(八一〇)の平城太上天皇の変では、新たに整備された蔵人《くろうど》という天皇の秘書官のポストへと進出しているし、承和九年(八四二)に起きた承和の変後には、仁明天皇の生母順子《じゅんし》を抱えた良房らは外戚としての地位を確立していたと考えられている。そのような状況にあって、良房らが本当に善男を陥れようとしたのか、事件の真相は藪の中である。これ以後、藤原氏の強力な発展へとつながってゆくことだけは、事実である。

図表21のように伴氏失脚以後の議政官は、藤原氏と、臣籍に降った天皇の子女やその子孫である源氏が大半を占めてゆく。これに、桓武の子孫である平氏と、嵯峨天皇の皇后である橘《たちばなのかち》嘉智子《こ》を輩出した橘氏を加えた、いわゆる源平藤橘《げんぺいとうきつ》の四氏が門閥貴族となってゆく。律令制草創期から、国家は氏上《うじのかみ》を介して各氏族の人々を官人に編成することを目指してきたが、平安時代になると氏上に相当する氏長者《うじのちょうじゃ》は、この源平藤橘の四氏のみに置かれ

る存在になっていった。このことは、もはや各氏族のリーダーを介さずとも、官人たちを十分に統制できるようになっていたことを示している。

ただし例えば藤原氏の一族といっても、不比等の四子以来の南家・北家・式家・京家をベースとして多様に枝分かれした人々がそれぞれの家を形成してゆく。同じ藤原氏でも、上の方では摂関家として摂関を代々継承し、下の方では下級官人に留まるような家もあった。中世になるとその傾向はより顕著になり、摂関家も五つの家（五摂家）に分かれ、その下に諸家が清華《せいが》家（近衛大将を経て大臣となる家）、大臣家（大臣となる家）、羽林《うりん》家（近衛中・少将を経て大・中納言となる家）、名家（弁官・蔵人を経て大納言に至る家）といった、

	中納言以上	参議
七七一年	藤原南 1 藤原北 1 吉備 1 大中臣 1	藤原南 2 藤原北 2 藤原式 1 石川 1 石上 1 文室 1 多治比 1
八〇一年	王 2 藤原南 1 藤原北 1 和 1	藤原南 1 藤原式 1 紀 1
八三一年	王 1 藤原南 1 藤原式 1 清原 1	藤原北 1 藤原式 1 南淵 1 三原 1 文室 1
八六一年	源 3 平 1 藤原北 3 伴 1	源 2 藤原北 1 清原 1 春澄 1
八九一年	源 2 藤原北 2	源 3 藤原南 1 藤原北 2
九二一年	藤原南 1 藤原北 3	源 2 藤原南 1 藤原北 2 橘 1

注　各年元日の人数を示した。

図表21　議政官構成の推移

（吉川真司「平安京」同編『日本の時代史5　平安京』吉川弘文館、2002年）

官途と連動した家格にランク付けされてゆくが、その萌芽は平安時代にすでに見られる。有力な家の子弟は、最初から従五位下に叙されて天皇側近の蔵人となり、兵衛佐《ひょうえのすけ》や近衛少将に任ぜられる。その後、春宮や皇后宮・皇太后宮などのポストを経て、議政官へと昇ってゆくようなコースが定式化する。その中で、権門子弟は蔵人頭《くろうどのとう》と近衛中将を兼ねる頭《とうの》中将《ちゅうじょう》に、家柄が少し劣っても事務に長けた者は蔵人頭と中弁や大弁を兼ねる頭弁《とうのべん》に任ぜられるような、天皇の側近官が他の要職を兼任することも常態化してゆく。一方、さほど有力でない人々は、諸司や諸国の長官・次官などになれるのはかなりいい部類で、実務官人は長年働いてもせいぜい判官どまりである。さらにその下には、舎人や使部といった雑役に留まる階層もあった。

このような状況で、中小クラスの氏族が議政官を目指すことは基本的に困難となり、異なる道を選んでゆくことになる。たとえば、先ほど挙げた土師氏から分かれた菅原氏や大江氏は、中国の正史や詩文などを学ぶ紀伝道《きでんどう》の家として文人官僚の道を進む。その他にも壬生《みぶ》氏から改賜姓された小槻《おづき》氏は算道の家として、秦氏の一族から改賜姓された惟宗《これむね》氏は法を究める明法《みょうぼう》の家として、といったように、それぞれ家による特定官職を世襲する。いわゆる家業の成立である。

こうして律令制以前からの伝統的な世襲から脱却した人々も、また新しい世襲を形成することになる。律令制以前のようなウジごとではなく、それぞれの家の内部で子弟を教育し、代々受け継がれ蓄積された知識や技能を子々孫々に伝えてゆくのである。

†家と官人養成

国家的な官人養成機関として大学寮が設置されていたことは、第一章で述べた。大学寮には、文章院《もんじょういん》という学生寄宿舎のようなものが併設されるようになっていたが、平安時代になると氏族ごとに同様の施設が設けられるようになる。藤原氏の勧学院《かんがくいん》、和気氏の弘文院《こうぶんいん》、橘氏の学館院《がくかんいん》、在原《ありわら》氏の奨学院《しょうがくいん》といった施設は、国家から大学寮附属機関としてのお墨付きを得て、大学別曹《べっそう》とよばれた。これらの大学別曹では、各氏族出身の学生が寄宿するのみならず、学費の支給や任官への便宜を図るといったことが行われていた。こうして官人養成において、国家よりも氏族が個別に担う側面が大きくなってゆく。やがて一〇世紀半ば以降になると、天皇や貴族たちは公事《くじ》・儀式などをはじめとして、自らの経験を日記に書き残すようになる。すると、公事や儀礼を遂行する上での作法が親から子へ、子から孫へと伝えられるようになってゆく。この流れと並行して、藤原師輔《もろすけ》や彼の著した『九《く》条年中行事《じようねんじゆうぎようじ》』の流れを汲む九条流や、師輔の弟である実頼《さねより》とその養子で『小野宮年中行事《おののみやねんじゆうぎようじ》』を著した実資《さねすけ》の流れを汲む小野宮流に代表される、儀式作法の流派を形成してゆく。知識や経験を継承する単位も、氏族よりも小さい、家が中心となってゆくのである。

儀式といっても、単なるセレモニーではなく、本質は国家を運営する政務である。摂関期の政務については次節でも紹介するが、社会問題への対応、毎年の人事異動など、平安貴族がこなさなくてはならない政治上の案件は多い。しかも、大宝律令が施行されて以来数百年の蓄積を持つ律令国家という政体において、あまり突拍子もない判断もできない。迅速かつ堅実に政治的判断を下すうえでは、過去に似たような事例が有ったか無かったか、有った場合にはその時どう対処したか、という先例を勘案する必要があった。

先例の抽出は、弁官局の担う重大な業務であった。特に、弁官局の事務方である史《し》は、太政官に蓄積された膨大な資料から、問題となっている事案の先例となるものを探し出すのである。このような作業には、そのノウハウや職務関係の情報を蓄積して代々受け継いだ者が担当するのが都合よい。一一世紀以降になると小槻氏が史の最上位である左大史《さだいし》で、五位に昇る大夫史《たいふのし》（本来の担当位は正六位上）を世襲するようになり、「家の口伝」（『玉葉』承安二年［一一七二］二月十六日条）を受け継いでいる家（官務家）と認識されるようになってゆく〔曽我一九八三〕。

世襲というと、現代の我々はあまりいいイメージを抱かない。しかし、そこかしこに情報が落ちている現代とは異なり、特定の職務や技能に関する情報が一ヵ所に蓄積されていることや、父や祖父などと同じ職務や学問の経験を共有できることは、その道を究める上で強い武器となる。もちろん、能力の低い子孫も出てくる可能性は否めず、「累代史の家」であるにもかかわらず、ロクに勉強していない、という批判をされた伴広親《ひろちか》という人の例もある（『中右記』承徳二年［一〇九八］十一月七日条）。とはいえ、だからといって試験での採用や資格の獲得といったことが、ただちに高い実務能力に結びつくかは別問題である。世襲であれば、家名を背負って遮二無二努力しなくてはならないこともある。当時の人材育成の方法として、世襲は理にかなっていたのだろう。

†摂関政治の確立――九世紀末以降の政治動向

話題を政治動向に戻そう。

応天門の変の処理過程で藤原良房が摂政となったことで、政治形態はいわゆる摂関政治へと向かってゆく。その画期となるもう一つの事件が、いわゆる阿衡《あこう》の紛議である。

仁和三年（八八七）、即位したばかりの宇多天皇が、太政大臣藤原基経《ふじわらのもとつね》に与えようとした職務をめぐるトラブルである。これ以前の光孝朝、元慶八年（八八四）に、基経に対し「今日より官庁に坐して、就きて万政領行《すべおこな》い、入りては朕が躬《み》を輔け、出《い》でては百官を総《す》ぶるべし。奏すべきのこと、下すべきのこと、必ず先ず諮《はか》り稟《う》けよ。」との命が下されている（『日本三代実録』元慶八年六月五日甲午条）。天皇への上奏、天皇からの下命についてはいずれも基経を経由するように、との内容であり、これが関白の職掌の淵源とみられる。光孝の跡を継いだ宇多も、基経に対して〝万機巨細は従来どおり基経に関白せよ（関《あず》かり白《もう》せ）〟と命じた。大臣に、天皇大権と関わる権限を与えたのである。当初の摂政や関白は独立したポストではなく、天皇と関わりの深い大臣に、通常よりも大きい権限を臨時に付与するというものであった。

さてこの当時、任命された側は三顧の礼よろしく辞意を表明するのが習慣であり、基経も通例に従って辞意を表明したのだが、これを慰留する宇多の勅答が物議をかもすことになった。「阿衡の任を以て卿の任とすべし」（『政事要略《せいじようりやく》』巻三十）。関白の地位を、「阿衡」という言葉に言い換えて、基経を任命しようとしたのである。中国の故事を用いて文章を飾ることは、この時代ごく当たり前のことであり、阿衡というのも、殷の湯王《とうおう》に仕えて殷王朝の成立を支えた政治家である伊尹《いいん》が就いていた地位である。この勅答は、伝説的な忠臣である伊尹になぞらえることによって、基経の立場を賛美したものであるはずだった。

しかし基経は「未だ阿衡の任を知らず。」「疑を持すること久し」(同所引、「宇多天皇御記」逸文、仁和三年五月十五日条)と、阿衡とはいったい何なのか知らず、疑念が残る、と不審を打った。基経からすれば、「阿衡」などと格好よく言われても、具体的な職掌についてい触れられていないことが引っ掛かったのだろう。そもそもの地位であった太政大臣が、任命される人物像についての制約はあるが、具体的な職掌のないポストである。かつて光孝から下命されたように、すべての事案に関わるという確約を取り付けたいという政治的な意図があったとみられる。そして基経は一時的に政務を放棄、貴族社会の中では阿衡の語の当否をめぐって大論争を引き起こした。勅答を起草した文章生《もんじょうしょう》出身の橘広相《たちばなのひろみ》からすれば、中国の典籍から阿衡という言葉を用いて文を飾ることは何ら不自然なことではなかったであろう。当時地方官にあった菅原道真も、穏やかに事態を収めてほしいとの書簡を基経に送っているように、同じ文人官僚である広相に対して好意的な立場である。

この事件は、最終的には宇多が勅答を訂正する、すなわち天皇の側が過ちと認めざるを得ない状態にまで至る。宇多の父である光孝天皇は、先代の陽成天皇が度重なる素行不良などによって強制的に退位させられた後に、中継ぎ的に即位した天皇であった。元々即位する可能性が薄かったため、余計な皇位継承候補を減らすべく、光孝の子女は全員が臣籍降下させられている状態だった。宇多もその中に含まれており、源定省《みなもとのさだみ》と名乗っていたものが、光孝朝の末年まで皇嗣問題が決着しなかったこともあって、親王宣下・立太子ののち即位することとなったのである。一度臣籍に下った者が即位した前例はなく、即位当初の宇多自身の権威の弱さという根本的な問題もあったとみられる。ともあれこの阿衡をめぐる論争の結果が、基経個人はもとより関白の職権を明確にすることになった。

ただ、基経が寛平三年（八九一）に亡くなると、その後継ぎの時平《ときひら》がまだ年若かったこともあって関白は設置されず、宇多天皇の親政となる。この時期に行われたのが、次節で述べる蔵人所の拡充や昇殿制といった、側近官の整備である。ちなみに菅原道真はこの時期に天皇の侍臣として信任され蔵人頭となり、参議・左大弁・春宮介などの要職を経て、宇多の子、醍醐天皇の時代には右大臣にまで上った。この醍醐朝にも摂関は置かれず、天皇親政の時期が続く。しかし醍醐の皇太子（保明《やすあきら》親王・慶頼《よしより》王）が相次いで病没したことにより、三歳の寛明《ひろあきら》親王が皇太子となり、八歳で即位することとなった（朱雀天皇）。この幼帝を補佐するため、藤原忠平《ただひら》が久しぶりに摂政に任ぜられた。朱雀は在位十六年で弟の村上天皇に位を譲る。村上朝においても、忠平は関白であり続けたが、天暦三年（九四九）に忠平が亡くなると、ふたたび天皇親政期を迎える。天皇親政期にあたる醍醐・村上の時代は、後にその元号を取って「延喜天暦の治」と呼ばれる聖代と評価されるようになるが、この村上天皇が康保四年（九六七）に崩御すると、また摂政・関白が復活する。

村上の後を継いだ冷泉天皇の治世では藤原実頼《さねより》が関白となり、以後は十世紀末の一条朝半ばまで、ほとんど間が開くことなく摂関が任ぜられてゆく。こうして天皇親政と入れ代わり立ち代わりの末、本来大臣に付与される権限の一つであった摂政・関白が独立したポストと見なされるようになり、摂関政治が次第に定着してゆくことになる。天皇の身内を中心とした臣下が、摂関として天皇を代行ないし補佐する体制の確立である。ただし摂関の補任は、基本的に天皇の詔や宣旨によってなされるが、その効力は天皇一代限りのものである。代替わり後に新帝が引き続き先代と同じ人物を摂関にしようとする場合、改めてその旨を命じる必要があった。このように摂関の地位は、天皇の代替わりごとにリセットされる、個々の天皇との一体性の強いものであったことは押さえておきたい。

ところで、冷泉朝の安和二年（九六九）、左大臣源高明《みなもとのたかあきら》が、謀反のかどで突如として大宰員外帥《だざいいんがいのそち》に左遷されるという事件が起きた（安和《あんな》の変）。高明は当時五六歳、上位に関白太政大臣藤原実頼がいたが、実頼は当時七〇歳と高齢であり、太政官における実質上のトップは高明であったといえる。その高明が、なぜここで左遷されなくてはならなかったのか、その真相はよく分かっていない。ただこの事件によって、賜姓源氏の高明が政界から追放され、替わって右大臣藤原師尹《もろただ》（朱雀・村上朝に摂政・関白であった忠平の子）が左大臣、大納言藤原在衡《ありひら》が右大臣に昇進するなど、藤原北家の地位が強固となった。

また、高明やその関係者を密告したのは源満仲《みつなか》、関係者の一人・藤原千晴《ちはる》を捕らえたのは満仲の弟で検非違使の満季《みつすえ》であった。満仲は、この密告の功績で正五位下を授けられた。満仲の子孫たちはその後、摂津源氏・大和源氏・河内源氏として、摂関家をはじめとする有力な家に仕えながらその後の武士の世への流れを形成してゆく。安和の変は、そうした清和源氏が台頭してゆくきっかけともなった。

このように、律令官人制を構成する人々は、大きくそのありかたを変えていった。変化の様相は氏族や家格によって多様だが、全体として官人たちを取り巻く社会や政治との関わり方に変容をもたらす大きな画期となったのが、山城遷都であった。

2 都城と官人制の変化

平安京では、官人制のハードウェアである都城《とじょう》そのものも大きく変質してゆく。ここではそうした都城の変化と、それと対応する形で生じた官人制の変化についてみてゆきたい。

†内裏の変化

都城における内裏の位置は、藤原京以来一貫して朝堂の北側に配置されるのがスタンダードな形式であった。これは、日常の政務や国家的な儀礼の場である朝堂院に、天皇が頻繁に出御して政務を行うことを想定したものと思われる。

律令国家の政務は、第一章で述べたような、大内裏の朝堂院で早朝に行われるというのが当初計画された姿であった。奈良時代などでは、天皇の住まいである内裏には男性官人が立ち入るものではなく、内裏は原則として天皇と女官の空間であった。

しかし実際には、奈良時代でも天皇が朝堂院の正殿である大極殿に出御して朝政《ちょうせい》に臨むのは稀であった可能性や〔橋本一九九五〕、八世紀半ばの任官儀が内裏内でも行われていた

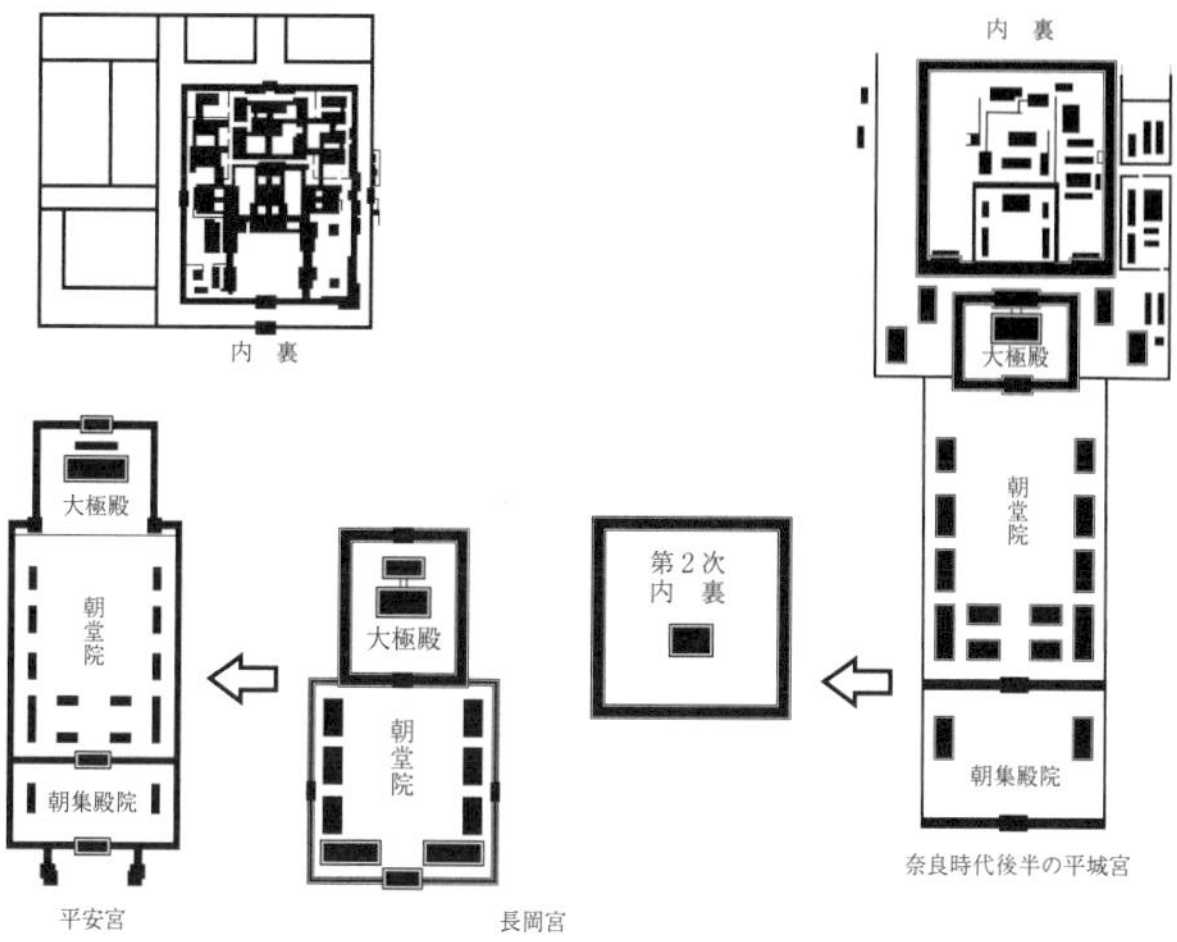

図表22　平城宮・長岡宮・平安宮の朝堂院と内裏の位置関係

（中尾芳治「古代の都」町田章編『古代史復元8　古代の宮殿と寺院』講談社、1989年を改変）

長岡宮については、近年の発掘調査によって、朝堂院南門の左右に楼閣が取りつく平安宮と同様の構造であったこと、第1次内裏が第2次内裏とほぼ左右対称の大極殿西側にあった可能性が高いことが明らかにされている。

こと〔西本一九九七〕が指摘されている。そうした在り方を踏まえ、長岡京以降の都城では、内裏の位置そのものが、大極殿・朝堂院から離れてゆくことになる（図表22）。その中で政務の在り方も変質してゆき、結論を先取りすれば重要事項は内裏の中で決裁されることになる。

　平安時代の天皇の身の回りを取り仕切る男性官人として、蔵人の存在がある。天皇の家政を取り仕切るのが本来の務めであるが、蔵人所別当《くろうどどころべっとう》は大臣が、頭《とう》は弁と近衛中将が、蔵人は諸司官人がそれぞれ兼帯するのが慣例となる。つまり、国政の中枢が兼務するポストになってゆくのである。平安時代には、こうした蔵人といった天皇の側近集団が形成されてゆくが、その要因の一つとして、弘仁年間（八一〇―二四）頃に成立したとされる昇殿制《しょうでんせい》が挙げられる。昇殿とは、一言で言えば天皇の御殿に上がって近侍することであり、次項でも述べるが、彼らの存在が九世紀末の宇多朝には公的な存在へと発展してゆく。

平安宮内裏における常の御殿は、当初の設計では仁寿殿《じじゅうでん》であったが、早くも九世紀初頭には天皇は清涼殿《せいりょうでん》にいることが常態化する。その、清涼殿の入り口にある殿上間《てんじょうのま》（図表24）という空間に伺候《しこう》する近臣集団が、殿上人《てんじょうびと》である。殿上人には、蔵人を中心とした貴族たちが天皇の代替わりごとに選ばれた（橋本一九七六、古瀬一九八七）。彼らの上日《じょうじつ》や上《じょう》夜《や》（夜の出勤日数）は、日給簡《につきゅうのふだ》という板で管理された。長さ五尺三寸、幅は上方で八寸・下方で七寸、厚さは六分という大きな白地の檜板である。ここには殿上人たちの名前が列挙され、罪を犯した場合などには名前が削り取られるという、殿上人の名簿であった。また、勤務実績を小さな紙片で張り付けてゆく出勤簿の機能も果たした。この殿上での勤務日数は、各官人の本司《ほんし》での上日と合算されて、月ごとに蔵人から天皇へと奏上され（月《げっ》奏《そう》）、季禄《きろく》など給与の支給や昇進のための材料とされた。つまり殿上の勤務は単に天皇へ

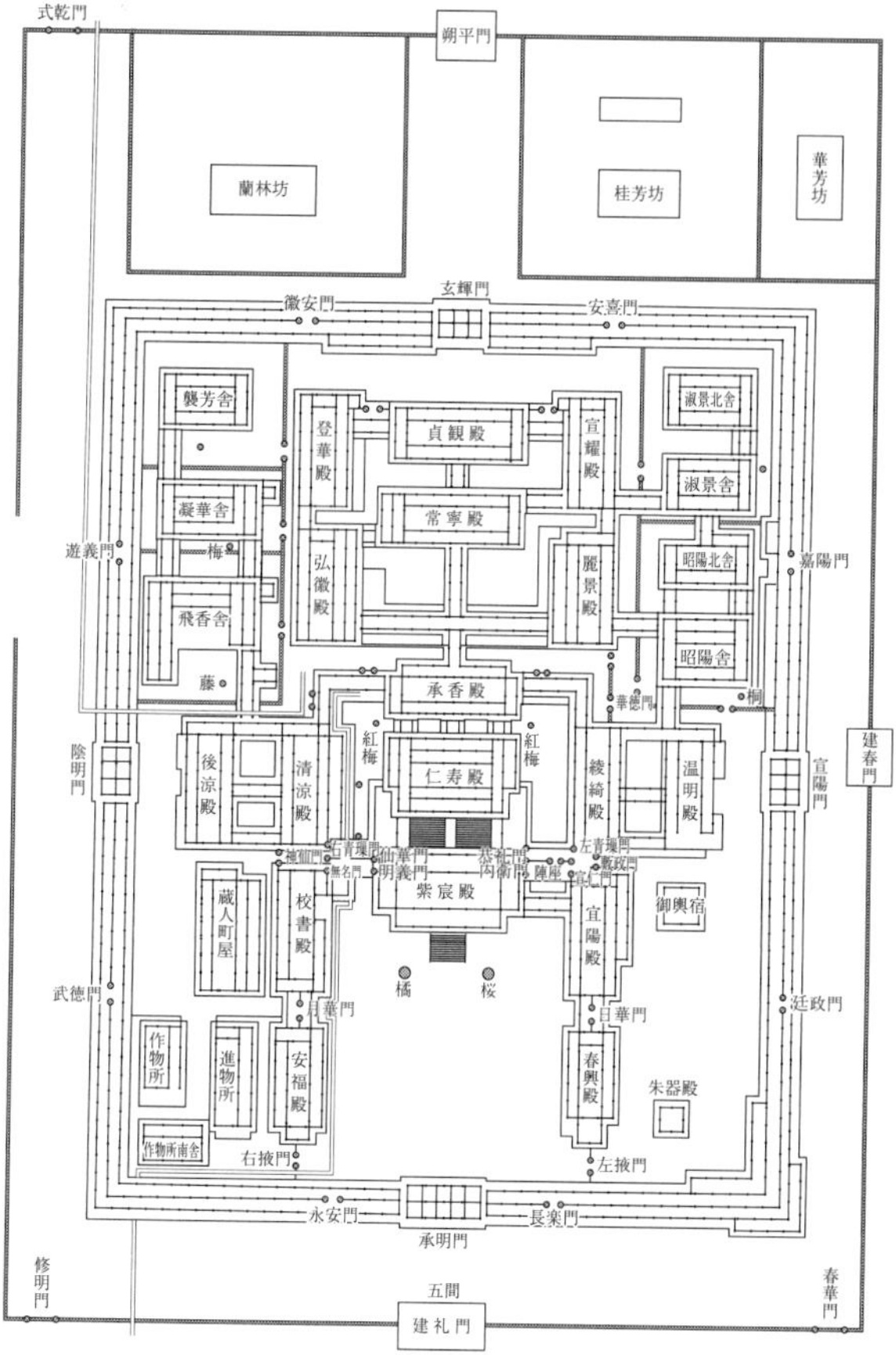

図表 23　平安宮内裏

（角田文衛総監修、古代学協会・古代学研究所編『平安京提要』角川書店、1994年を改変）

の私的奉仕ではなく、公的な出勤であった。こうして官人たちの日常的な内裏への伺候が常態化した結果、本来は天皇の私的な空間であった内裏が、政務も行われる公的な空間として定着してゆくことになる。

†平安時代の政務

それでは、内裏を中心とした政務の在り方について、近年の研究で具体像が明らかにされてきた摂関期の政務方式を簡単に見てみよう。

図表24　清涼殿殿上の間
（写真提供：中田昭）
左に見える板が日給簡。

摂関期においても、諸司・諸国から上申される各種の案件を決裁してゆく、という大筋は変わらない。これらの決裁が行われるのが、政《せい》（中文《もうしぶみ》）と呼ばれる政務である。政は、外記政《げきせい》（太政官候庁《こうちょう》［外記庁とも。二二頁図表3］で行われる、政治的判断の必要がない、恒例の処理案件）、南所《なんしょ》申文（侍従所《じじゅうどころ》［南所とも。二二頁図表3］で行われる、大納言・中納言を上《しょう》卿《けい》として決裁する案件）、陣《じんの》申文（陣座《じんのざ》で行われる、大臣・大納言を上卿として決裁する案件）の三段階に分かれている。それぞれ責任者となる上卿のランクに差があることと対応して、決済可能な案件の重さも異なっており、各段階で決裁できないものは上位の政に回すか、天皇に奏上するなどの手続きが取られた。

天皇や摂関が判断を行う場合に、天皇から公卿たちに審議が命じられることがあった。それが御前定《ごぜんさだめ》や陣定《じんのさだめ》に代表される、定、すなわち公卿たちが特定の場所に集まって議定する政務である。外交問題や地方統治、五位以上の貴族に対して死罪もしくは流罪を科すといった、国政上の重要案件などが取り上げられ、先例を踏まえての審議が行われた。

このうちたとえば陣定は、天皇の発議によって開催され、天皇の諮問に対して参議以上の公卿が議論し答申するものである。公卿たちは内裏内の左近衛陣（摂関期には、紫宸殿東北廊の南側。二〇五頁図表23）という場に集まり、参加者中の身分の低い者から順に意見を述べてゆく。ここでは意見の統一は行われず、全員の意見を併記して定文《さだめぶみ》という文書が作られる。この定文が、左大臣から蔵人頭《くろうどのとう》を経由して清涼殿にいる天皇に奏聞され、最終的な決裁の判断材料とされた（場所については図表23も参照）。この最終決定権者はあくまでも天皇であるが、天皇の代行者である摂政や、天皇の補佐役である関白、あるいは奏上・宣下の内容を事前に確認する役である内覧《ないらん》など、臣下の最上位者が国家の意思決定に関わるというのが、いわゆる摂関政治の特徴である。

ただし、決定された内容を実行に移すのはあくまでも国政の中枢たる太政官の役割であることは、忘れてはならない。摂政は幼帝に代わって政を摂《と》る職であり、関白は成人天皇とともに国政を総攬するポストであるので、摂関といえば超越的な権力を持っているようにも思うが、超越してしまっている分、太政官の実務とは結局遠いという問題も抱えていた。そのため一上《いちのかみ》といって、摂関・太政大臣を除く筆頭公卿または次位の公卿が、宣旨《せんじ》をうけて太政官の重要公事に当たることが重要な意味を持つ。

一〇世紀に藤原師輔《もろすけ》が著した『九条年中行事』によると、諸司・諸国からの上申事項について、一上が採決できるものと天皇の判断が必要なものに振り分けられている。一上の専決事項には、官司の食料である大粮や官人の禄の財源の振り分けや、各種の出納、災害をうけた田地などからの徴税の可否に関わることなど、財政を中心とした国政の重要事項が並んでおり、一上が相当の権限を有していたことがわかる。

人事についても、「任官は国家の重事なり。一上これを行うは、古今の定例なり」（『権記』長保二年［一〇〇〇］八月二十五日条）という一条天皇の発言も残されている。

摂関は天皇とともに太政官を指導して国政全般を総攬する職となってゆくのに対し、一上は太政官の構成員として公事を執行する筆頭大臣であり続ける。藤原道長《みちなが》などは摂関政治の権化のようなイメージを持たれることもあるが、実際のところは長徳元（九九五）から寛仁元（一〇一七）の二十年を超える道長の執政期間のうち、摂政だったのは最後の一年余りで、ほとんどの時期は一上内覧として活動していた。摂関が太政官と一体化して政治の判断を担うようになるのは、道長の息子、頼通の時代のことであった。

†大内裏の荒廃と官司の縮小

これらの政務手続は、内裏のすぐ近くの外記庁や侍従所、そして内裏内の陣座や清涼殿で行われていることが特徴である。国政の運営を大極殿や朝堂院といった大規模な空間で行うという政治文化は、大きく衰退したといってよい。

朝堂院での政治が衰退すると、その分、諸官司の官衙に業務が分散してゆくことになる。しかし、そうした律令官司の在り方に変化を迫るのが、内裏内に成立した、「所《ところ》」という名称を持つ部局である。御書所《ごしよどころ》、画所《えどころ》、作物所《つくもどころ》など、天皇の家政と関わるものがもっぱらだが、これらは蔵人所の統括下に編成され、国制の中でも一定の意味を持つようになった。つまり、天皇や朝廷を支える諸機能が、大内裏ではなく内裏に集約されていったのである。こうして貴族・官人たちの意識は、内裏という空間に集中してゆくことになる。摂関や大臣・大納言といった上級の貴族たちは、内裏内に直盧《じきろ》という宿所を与えられ、日夜天皇に奉仕することとなった。

ここにいたって大規模な空間も構造物も不要となり、しまいにはすぐ近くとはいえ内裏外で行われる外記政もほとんど開催されなくなってゆく。外記政は、平安初期には月に一〇回ほど開催されたとみられているが、時代が下ると開催頻度は少なくなる。安和二年(九六九)には、月に三、四日か七、八日しか行われなくなっているので励行するように、との宣旨《せんじ》が下されている(『類聚符宣抄《るいじゆうふせんしよう》』同年二月二十八日宣旨)。しかし、その後も衰退の流れが止まることはなく、最終的には年中行事の一つとして、年首の政始《まつりごとはじめ》として行われるだけの、全く形骸化したものになっていった。

このような結果、大内裏という空間そのものの荒廃を招くこととなる。『日本三代実録』仁和三年(八八七)八月十七日戊午条には、大内裏で不気味な事件が起きたことが記されている。宴松原《えんのまつばら》という、内裏の西隣にあった松の生えた空き地(二二頁図表3参照)の近くでの出来事である。その日、美しい女性三人が、東に向かって歩いていた。すると、松の木の下に容姿端麗な男がいて、先ほどの女性の一人と語らいを始め、ほどなく二人して松の木の下へと入っていった。しかし数刻もの間、何の音も聞こえない。

不審に思って松の木のところを見てみると、バラバラになった女性の手足が地面に落ちていて、しかも首は失われていた。警備にあたっていた衛府の者が駆けつけると、すでに死体もなくなっており、当時の人は鬼神がこの殺人を行ったに違いない、と考えたという。

九世紀の終り頃には、大内裏の中、しかも内裏のすぐ近くで、このような怪奇現象が発生すると信じられる状況になっていた。その後、一〇世紀以降には度重なる内裏の焼亡によって宮外の邸宅を内裏とする里内裏《さとだいり》がたびたび用いられることも手伝って、大内裏の荒廃は進んでゆくことになる。『大鏡』巻五には、藤原道隆《みちたか》・道兼《みちかね》・道長《みちなが》の兄弟が大内裏で肝試しを行ったという逸話が載せられているが、彼らの行先は道隆が豊楽院《ぶらくいん》、道兼が仁寿殿、道長が大極殿と、中枢部の施設ばかりである。このように、もともと大内裏にあった施設や官衙の機能が失われて、空間そのものが荒れはててゆく。

このような流れと並行して、官司そのものの機能も次第に縮小してゆく。平安時代、さきに触れた各種の所や寺院には、別当という責任者が置かれたが、一〇世紀以降になると令制官司にも別当が置かれ、弁官や史、場合によっては大臣などが任ぜられるようになる。こうして太政官が諸司の機能を吸収してゆくと、太政官が諸官司の持つ機能を横断的に活用することができるようになる。一方、諸官司は独立の機能を低下させてゆくことになり、中央官制全体としてもその枠組みを縮小することになった。

官位相当と位階制の変容

ここまで見てきたような都城や政治形態の変化とともに、官人制の体系も全体的に縮小してゆくことになる。このことは、すでに先学によって多くのことが明らかにされているので、それに従ってみてゆこう〔福井一九七一、黒板一九九五など〕。

律令制で設定されていた官位相当《かんいそうとう》は基本的に生き続ける。しかし、官職には定員があるが、位階に定員はない。上位の官職に空きがない状態でも、位階の昇進は絶えず発生する。奈良時代前半には一五〇名程度であった五位以上官人の数は、奈良時代半ばには三〇〇名近くに上るようになり、九世紀には三〇〇〜四〇〇名程度で推移する〔土田一九九二〕。さらに摂関期になると、上流の貴族たちは初叙でいきなり五位以上に叙されるようになる。中でも皇親から分かれた氏族である源氏は、四位を授けられることが多いなど、別格の扱いであった。

こうして高位の官人が増加する一方、彼らが本来就くべき官職は増えないため、高い位階を持つもののみが増えてゆく、というアンバランスな状態を生む。三位《さんみ》以上の位階を持つ人と、四位《しい》も含んだ参議以上の官人を公卿《くぎょう》というが、歴代公卿の一覧である『公卿補任《くぎょうぶにん》』などでは、非参議という、いわば公卿クラスの散位《さんに》が大勢列挙されてゆくことになる。またこうした高位官人増加の結果、官位相当も厳格な運用は困難となり、本来例外的なものであったはずの「行《ぎょう》」や「守《しゅ》」（六三頁参照）という表記が、ごく当たり前のことになってゆく。

そうした中、官職の相当位そのものも改訂されるケースが出てくる（図表25）。多くは平安初期に集中しているが、早いものでは奈良時代からみえるようになる。これらを通覧すると、大まかに正四位上《しょうしいじょう》相当官、正五位上相当官の減少といった傾向を見て取ることができる。さらに、正四位上相当として残った官も、皇太子傅《ふ》は大臣・大納言の兼官になってゆき、実質的に三位以上の官職となってしまう。また中務卿は大・中納言の兼官で三位以上、さらに後には親王の給与を保証するためのポストになり、親王のみが任官するようになる。この結果、正四位上相当官は事実上消滅してゆくことになる。また正五位上相当官についても、左右中弁・中務大輔・大膳大夫・摂津大夫などは正五位下以下の官人が任ぜられるポストへと変貌してゆき、こちらもやはり消滅することになってゆく。

こうした正四位上・正五位上という特定位階の相当官が消滅してゆく背景には、奈良時

	令制	変更
従三位	**大宰帥**	
正四位上	**皇太子傅**	（実質的に、三位以上の任官へ）
	中納言	天平宝字５年に従三位へ改定
	中務卿	（親王のみの任官へ）
	左右近衛大将	延暦18年に従三位へ改定
正四位下	**七省卿**	
従四位上	**左右大弁**	
	弾正尹	天平宝字３年に従三位へ改定
	左右近衛中将	
従四位下	**神祇伯**	
	中宮大夫	
	春宮大夫	
正五位上	**左右中弁**	（実質的に、正五位下以下の任官へ）
	中務大輔	（実質的に、正五位下以下の任官へ）
	大膳大夫	（実質的に、正五位下以下の任官へ）
	左右京大夫	弘仁13年に従四位下へ改定
	摂津大夫	延暦12年に廃止
	大宰大弐	延暦25年に従四位下へ改定
	左右衛門督	延暦18年に従四位下へ改定
	左右衛士督	延暦18年に従四位下へ改定

・令制で従三位～正五位上相当の官を挙げた。なお、令外官は表に含めていないが、正五位上相当であった陸奥出羽按察使も、弘仁13年に従四位下相当に変更されている。
・官位相当に変更のないものは太字で示した。
・「変更」の欄には、官位相当の改定があった官については改定の年を、実質的な任官に大きな変化がみられる官には（　）を付してその内容を記した。

図表 25　官位相当の改変
（福井俊彦「位階制について」『続日本紀研究』153・154、1971年に基づき作成）

代後半ごろよりこの二つの位階が飛び越される（越階《おっかい》）慣習が出てきたことによる。五位以上官人の昇進を早めることで、官人たちの欲求に対応したものと考えられているが、平安時代になると正四位上・正五位上は通常の昇進のはしごでは通過してしまい、一部の例外を除いて叙されることのない位階になってゆく。

さらに下級官人についても、九世紀末〜一〇世紀初頭ごろには六位は正六位上、七位は従七位上、八位は従八位上にほとんどが集約され（さらに摂関期になると七位以下が従七位上に集約される）、それ以外の位階は無実化してゆくことが明らかにされている。こうして下級官人の位階や昇進体系も、律令制本来の在り方とは大きく様相を変えていった。

こうした位階の変化に対応する形で、官人たちの制服である朝服《ちょうふく》の体系も変化した。令制では一位から初位まで計八段階の色が定められていたが（第三章）、一一世紀初頭の寛弘年間には、四位以上は黒、五位は蘇芳《すおう》、六位以下は縹《はなだ》、无位《むい》は黄色、の四段階となる。衣服については細かい有職故実《ゆうそくこじつ》の世界があって、実際には材質や文様などによってもう少し細かい区分もあるが、色による位階表示の体系は大きく縮小したといってよい。

†叙位・任官制度の変化

以上のような官人制全体の変化の中、緻密な勤務評定によって昇進を計算してゆくシステムではなく、新しい叙位・任官の方式が成立し、定着してゆくことになる。

平安時代の人事において特徴的なのは、年労《ねんろう》という考え方である。昇進に必要な在職年数が官職ごとに決められ、それを満たした者が叙位されるという方式が、一〇世紀初頭の延喜年間ごろに成立した。平安時代末期に成立した『二中暦《にちゆうれき》』という百科全書には、二十以上の官職について何年勤めると何位に上がる、といったことが整理されている。参議は五年、近衛中将は二年で正四位下に叙され、弁官や少納言は五年で、近衛少将は三〜四年で正五位以下に叙される、といった具合である。近衛府の将官のような、有力貴族の子弟の昇進コースに組み込まれた官職は、より早く昇進することが可能となっていった。

令制本来の考課のように能力や勤務実績を厳密に評定せずとも、定期的な昇進が保証されるので、官人社会には一定のニーズがあったのだろう。また、そもそも奈良時代後半ごろには、すでに機械的な勤務評定が行われていた可能性が高いので、勤務評定の一層の単純化は必然の流れだったともいえる。天皇の御前で行われる叙位儀には、必要書類として申文《もうしぶみ》（申請書）と労帳《ろうちょう》などが用意された。この労帳は、勤続年数（年労）と出勤日数（上日《じょうじつ》）を記載したものであり、叙位における最も重要な書類であった。

また、任官の儀式を除目《じもく》と呼ぶ。奈良時代の任官儀は特に決まった時期に行うようなものではなかったが、平安時代になると定例の除目は、外官《げかん》（地方官）が正月、京官が二月（のちに八月～九月の秋に固定）という日程になってゆく。外官除目（県召除目《あがためし》とも）は三日間、京官除目（司召除目《つかさめし》とも）は一～二日間かけて行う、きわめて大規模な儀式であった。この中で、たとえば外官除目では、四所籍労《ししよのせきのろう》（内豎所《ないじゅどころ》、校書殿《きょうしょでん》、進物所《しんもつしょ》、大舎人《おおどねり》）、文章生労《もんじょうしょう》、内舎人労《うどねり》、召使労といって、それぞれの職で年労を積んだ下級官人を諸国の掾・目に任ずるなど、令制官司でない部局や下級官人としての業務も含みこんで人事が決定されていった。

なお大臣のみは任大臣儀といって、宣命《せんみょう》によって任命する儀式が行われた。宣命は、口頭による意思伝達であるので、天皇が直接言葉によって任命する、という意味合いがあったものと考えられる〔鈴木二〇一八〕。

さて、除目の当日、公卿たちは陣座に参集する。その後、宜陽殿《ぎようでん》南廂東二間の議所《ぎしょ》に移動し、蔵人からの召《めし》を待って清涼殿東孫廂《まごびさし》の御前座《ごぜんのざ》に移る。官職への任命は天皇大権の一つであるので、除目には天皇が出御して行うことが原則であった。任官が決定するごとに大間書《おおまがき》という巻物に結果が書き込まれ、全ての任官が終ったのちに清書される。清書された大間書をもとに、参議が召名《めしな》・下名《おりな》という書類を作成する。召名は任官者のリストで、勅任官は「勅」と頭書して黄紙に、奏任官は「太政官謹奏」と頭書して白紙に書かれることになっていた。下名は文官・武官に分けて用意された四位以下の任官者リストで、文官については式部省が、武官は兵部省が、それぞれ任官者を召すための文書である。また後日、これらの書類の書き誤りなどを訂正する直物《なおしもの》が行われるなど、任官という重要案件なだけに厳重な手続が踏まれていたことがわかる。このような儀式の次第や手続からは、平安時代の人々にとっての重要度の高さがうかがえる。のちに、直物の儀式を行うためにわざと間違えておくといったように、完全に形骸化したものとなってゆくが、除目という儀式そのものは近世まで残ってゆくことになる。

除目で提出される任官希望者の申文には、自身の経歴が先例に合い、勤務実績やこれまでの功績が十分にあることなどが述べられた。少し時代は下るが、康和二年（一一〇〇）七月二十三日に、源時俊《ときとし》という人が出した申文を、現代語に意訳してみてみたい（『朝野群載』巻九）。

右《う》馬権頭《まのごんのかみ》従五位下行源朝臣時俊が恐れながら謹んで申し上げます

特に天恩をいただき、先例を踏襲して少納言への遷任を希望いたします

右のことについて、詳細を調べましたところ、この右馬権頭の官にある者は、幾年も経ずに要職に遷るのが通例です。私、時俊にいたっては、先祖代々公卿の家柄で、代々お仕えするにあたっての故実を受け継いでおり、もしこの恩典に浴しても、誰も不審な人事とは思わないことでしょう。願わくは、天恩により、先例を踏襲して少納言に遷していただき、より一層勤王に励みたいと存じます。

康和二年七月二十三日　　右馬権頭従五位下源時俊

数年間で要職に遷るという先例や、代々公卿であるという家柄が重視されている点が注意される。ちなみにこの源時俊という人、宇多天皇の皇子である敦実《あつみ》親王から分かれた宇多源氏である。『尊卑分脈《そんぴぶんみやく》』により、直系で系譜をたどってみると、

敦実親王―左大臣重信《しげのぶ》―権中納言道方《みちかた》―大納言経信《つねのぶ》―権中納言基綱《もとつな》―時俊

と、確かに代々公卿の家柄というのは伊達ではない。しかしこの後、宇多源氏が朝廷で目立たない存在となってゆくこともあり、時俊自身は、少納言正四位下止まりであった。

ともあれ、このようにキャリアや家柄を先例に照らし合わせることで、次のポストが決まっていった。『任官勘例《にんかんかんれい》』という史料には、奈良時代から鎌倉初期にかけての、特殊な任官の事例が集成されている。いくつか例を挙げてみると、大臣クラスでは、太政大臣に二度任ぜられた例（法性寺殿《ほっしょうじどの》〈藤原忠通《ただみち》〉、鷹司前関白《たかつかさきのかんぱく》〈鷹司兼平《かねひら》〉）、内大臣から太政大臣となった例（忠義公《ちゅうぎこう》〈藤原兼通《かねみち》〉）などが挙がっている。その他の議政官クラスでは、参議から大納言に任ぜられた例（藤原魚名《うおな》）、参議で中弁を兼ねた例（源昇《のぼる》）。ほかにも人名は省略するが、散位の三位から近衛大将となった例、左右兵衛督に五位を任じた例、左右馬助に六位を任じた例、などがある。これらはいずれも例外的な任官事例にあたるが、そうした事例も含めて蓄積された先例をふまえて人事を行う必要があったのである。

以上のように、定期的な昇進の方法が確立したことに加え、先例重視の任官方式が確立することによって、家柄による官職の固定化が促進される。また、除目によって任ぜられる多数の官職の他に、蔵人、検非違使といった特定の職は天皇の宣旨《せんじ》によって任命される方式を取る。宣旨とは、正規の詔勅発給の手続を経ない、口頭伝達に由来する命令伝達方式であり、これによって任命されるポストを一般に宣旨職《せんじしき》という。天皇によって直接的かつ簡便に任命できるポストである。天皇の身近に仕える殿上人や、それらを母体として宣旨によって任命される蔵人は天皇の代替わりごとに一新され、また先にみたように摂関も天皇の代替わりごとにリセットされる建前である。官人たちの地位は、天皇との一体性を強めていった。

†年給

除目で任命されるようなポストであっても、特殊な叙位や任官の機会が加わってゆくことによって、人事のシステムは律令制施行当初とはますます趣を異にすることとなった。その一つが年給《ねんきゅう》という、売官のようなシステムである。年給は年料給分の略で、年官《ねんかん》と年《ねん》爵《しゃく》とをあわせていう。

年官は、毎年の除目の際に、任官者を推薦する権利を与える制度、年爵は毎年叙位の際に、叙爵者を推薦する権利を与える制度である。この権利を与えられた者を給主《きゅうしゅ》といい、皇后・皇太后・太皇大后にはじまり、親王・院・東宮といった皇族や、公卿、また天皇そのものにも付されてゆく。

給主は、自己に任官や叙位を申請する権利を与えられた官職や位階について、それらを希望する者を募集することになる。そして、応募者から叙料や任料を徴収し、それぞれの官職・位階への任・叙を申請する。この際に徴収した叙料や任料は直接給主の給与となるため、売官の権限を国家が分割して封禄の代わりとする、という制度ともいえる。除目の際に書かれる大間書にも、官職名・人名の下に「皇后宮当年御給」など、誰の年給による任官かという情報も書き込まれるように、正式な任官方式の一つであった。

年官で補任される官職の中心的なものは国司である。国司の給与は、一国の財源を守《かみ》が六・介《すけ》が四・掾《じょう》が三・目《さかん》が二・史生《ししょう》が一という比率で分けて受給することになっており、この比率に従って各官もポイントで呼称され、目は二分官、史生が一分官などという。左右大臣でいえば、このうち二分一名と一分二名の推薦権が与えられることになっていた。次第に国司の給与体制が崩れてくると、目や史生への希望者が減ったため、二分と一分を合わせて三分として掾の推薦を行う二合《にごう》といった方式も用いられることになっていった。

年官というシステムが正確にいつから存在するのか定かではないが、「延暦より仁寿に至る六代の親王の年料給分の主典史生等」という史料からすると（『日本三代実録』貞観七年正月二十五日丁未条)、平安時代のごく初期には存在していたらしい。権力者にすがって人事を融通してもらうということは、天皇や官司への奉仕ではなく、個別分散化した権力者への奉仕が人事を左右することを意味する。すでに述べたように、天皇以外の権力者とのつながりで任官が有利になること自体は、奈良時代からもあった。光明皇后の家政機関に勤めた下級官人が他の下級官人と比べて優位なポストに就いていたり、政変によって政権中枢が変わるたびに引きたてられ左遷されという転変が相次いでいることは、そうした人間関係が人事に大きな影響を与えていたことを示している。ただ、年官の成立によってそうした人間関係による人事が制度化され、国家の正式な手続となった。つまりこれらの新しい人事システムの成立は、権力の多極化が公的な制度として位置づけられたことを意味し、その点において時代の変化を象徴的に示しているともいえる。

　年官によって補任される官職は、九世紀には国司の掾・目が中心だが、一〇世紀には衛府の志《さかん》といった中央の下級武官や諸国の検非違使・博士・医師《くすし》や弩師《どし》といった雑任にも及んだ。また衛府の志などは地方豪族からの任用もあった。三善清行《みよしのきよゆき》の残した「善家秘記《ぜんけひき》」という記録の逸文には、一〇世紀初頭、備前国賀陽郡《かやぐん》の豪族である賀陽良藤《かやのよしふじ》という人が蓄財によって備前少目となっていたこと、さらにその一族はみな「豪富の人」で、兄は郡司、弟は統領（九州で健士という兵士を統率する職）と吉備津彦神社の禰宜、息子は左兵衛志になっていたという（『扶桑略記』寛平八年九月二十二日条）。〝賀陽〟という郡名を名乗る氏族であるので、代々郡司を務める氏族であったとみられるが、備前少目や左兵衛志は年官の対象でもあり、彼らは蓄えた財力によって権力者に奉仕し、これらの官職を〝買った〟可能性が高い。年官によって任官したとすれば、彼らは官職に加えて中央の有力者の推薦という後ろ盾も持っていることになり、地域での力を誇示するのに大きな意味を持ったであろう。地方の豪族たちも、官人制の変化に敏感に対応していたのである。

このほか、氏爵《うじのしゃく》といって王氏《おう》（諸王）・源氏・藤原氏ら特定の上級貴族の正六位上の者の中から、毎年一人に限って従五位下を与える制度があるが、これも含めて特定権門の一員であることが昇進の早道ということになってゆく。また成功《じょうごう》といって内裏造営などの公的事業に労働力や金品を提供した場合、その功労に対する勧賞《げんしょう》として官位や物品が授けられるパターンもあり、受領《ずりょう》（後述）らによる成功の例がよく知られている。

こうして年労による定期的な昇進の保証と、年官・氏爵・成功という特定権門への所属や富の蓄積によるスピード昇進という二本立ての昇進体系が定番化してゆく。その背景には、国家の給与体系が維持できなくなってゆく、という事情もある。本来、官人への給与や親王の生活費、さらには官司の運営費用などは国庫から支給されるものであった。しかし、国家の財源不足が慢性化する中で、九世紀には大臣が封戸を返上するのが慣例化すると、それをいいことに位禄などの給与一般も削減されてゆくことになる。そうした削減分のフォローとして生まれたものの一つが、年官であった。

また、親王たちの生活費の財源が足りなくなると、本来要職であったはずの中務卿《なかつかさきよう》や式部卿、あるいは常陸・上総・上野守（親王任国）を親王専用のポストにして、収入を保証することになる。他の国司も、実際に任国に赴いて統治をおこなう受領以外に、遥授《ようじゅ》といって赴任せずにその国の収入から位禄を与える制度なども出てくる。こうした中で、特に中〜下級官人の給与問題は深刻であった。『枕草子』に、除目《じもく》で任官から漏れ続けている人の有様を「すさまじげなり」と評しているのはよく知られている。彼らが、院宮王臣家といった諸権門へと帰属し、その庇護下で身分を確保しようとするのは自然の流れともいえる。

†受領とその統制

やや駆け足で、平安時代における都城の変化と、それに伴う官人制の変化についてみてきたが、すでに律令官人制は名ばかりの存在となったかのように思える。だが、それは単純に律令制の崩壊などという言葉でくくりうる現象なのだろうか。官人制が大きく変貌を遂げた後も国家は官人統制を続け、官職を求める人々の存在も絶えないことは、何を意味するのだろうか。またそもそも、皇族や貴族といった権門の家政機関に下級官人が集まるという構図は、奈良時代から国制にビルトインされていた構造である。

平安時代の人事に関して、受領《ずりょう》についてみておこう。

九世紀末以降、地方支配の円滑化を図るため、国司のうち守《かみ》（長官）や介《すけ》（次官）などのうち実質的なトップに任ぜられる者に権限が集中されるようになる。彼らは前任者から業務を引き継ぐということで受領と呼ばれる。受領というと、「倒るるところの土をもつかめ」という『今昔物語集』の文言がよく知られるように、強欲な地方官というイメージが強いが、実は彼等には厳しい勤務評定が課されていた。受領の一国での任期は通常四年だが、任期終了後もふたたび受領に任ぜられたり、他のポストに遷任してキャリアを続けるためには、任国の支配はもちろんのこと、中央から賦課される種々の負担を滞りなくクリアする必要があった。例えば、都で内裏を造営するといった事業があれば、それに対して人や物資を供するよう要求されることがある。こうした任務において、受領は造営完了後に得られる返抄《へんしょう》、すなわち完了証明書を任期満了後に提出することになっていた。任国に財政的な余裕がなければ、受領たちは、役の負担の軽減もしくは免除を求めたり（申《もうし》返《かえし》）、部内から臨時の徴発を行って造営役を負担したり（臨時雑役）、自らの私財を投じて負担したり（成功）、必死に対応を迫られることとなった。

任期満了後に、受領たちの成績が判定される会議を、受領功過定《ずりょうこうかさだめ》という。受領功過定は、さきにみた陣定と同様の、定という政務の方式であるが、陣定と決定的に異なる点は、参加する公卿たちの意見を統一して奏上することである。人事権は最終的には天皇にあるが、その前段階としての勤務評定はあくまでも事務レベルの手続ということで、その人の勤務に過ちがなかったか、判定されるのである。それぞれの公卿が推薦した受領たちも会議にかかるので、判定される受領はもとより、判定する公卿たちにとっても重要な会議であった。律令制本来の勤務評定は直接の上司が担当するが、ここで政界上層部である公卿たちによって勤務評定がなされているということは、官人制の縮小を示しているー方で、地方官の人事を政権中枢が直接把握しているとも評価できる。こうした中で受領たちは、任国支配と中央から課される負担を実直にこなすことが、勤務評定をクリアする基本条件だった。

さらに受領たちは、自分の任国で発生する租税徴収を中心とした諸問題について、いかに解決すべきか、中央にお伺いを立てていた。たとえば長保六年（一〇〇四）三月七日には、陣座《じんのざ》で安房・上総・下総・近江・下野・陸奥・丹後・因幡の諸国司らが言上してきた諸事について、左大臣藤原道長以下の公卿が定を行ったことがみえる（『権記』）。こうした定を諸国申請雑事定《しょこくしんせいぞうじさだめ》と呼ぶが、通常の業務遂行にあたっても受領は国家の統制下にあるのであり、間接的ながらも国家による地方支配が継続してゆくこととなる。

†昇進コースと求められる資質

ここで少し、受領層の昇進コースについてみてみよう。

六位の官人たちのうち、式部・民部丞や、外記《げき》・史《し》といった特定の激務のポスト（顕《けん》官《かん》）を務めると、年労者から一人ずつ従五位下に叙される、巡爵《じゅんしゃく》というシステムがあった。巡爵によって五位に叙されると、受領に任命される巡任の権利を得る。外記を例に挙げると、六位の大・少外記四名のうち毎年筆頭の大外記が五位に叙されて転出する。するとそれ以外の者が繰り上がってゆき、毎年一人ずつ叙爵されて受領となる。つまり、四年務めるとほぼ自動的に従五位下となって受領に任ぜられることになる。受領は、受領功過定を

「無過」としてパスすると、一階昇進できた。つまり、一度受領を経験すると従五位上となる。その後は、三国めで正五位下、四国めで従四位下、五国めで従四位上、七国の受領を経験すると参議に昇進できた（『北山抄』巻十、吏途指南）。

こうした昇進への入り口となる顕官への任命は、除目において公卿からの推薦（顕官挙）によってなされた。とはいえ、式部丞には兵部丞を、民部丞には八省丞や諸司助を、といったように慣例に基づいて推薦することになっているので、きちんと実務をこなして昇進してゆくことが求められていたといえる。

そこで注意しておきたいのは、官人に求められる資質、恪勤《かくごん》である。第一章で述べたように、恪勤とはまじめに勤務することであり、律令官人にとって最も基本的かつ重要な勤務態度である。この恪勤は、平安時代においても官人たちに求められる必須要件であった。

一〇世紀半ばごろに成立した藤原師輔《もろすけ》の遺訓書である『九条殿遺誡《くじょうどのゆいかい》』によれば、人を採用するにあたって、次のようなことに注意すべきと述べている。

凡そ採用の時は、才行ありといえども、恪勤せざるの者をば、薦挙の力なし。たとい殊に賢なるに非ずとも、僶俛《びんめん》の輩《ともがら》は尤も挙達するに堪えたり。

才能があっても、恪勤でないものは推薦に値しない。特に優れた能力がなくとも、勤勉な者こそ推挙され栄達するに相応しいのだ、という。

摂関記の代表的な古記録の一つ、藤原実資《さねすけ》の『小右記《しょうゆうき》』には、たびたび恪勤に関わる人事案件が登場する。恪勤ではなかったことによって任務を停止された人（永祚元年［九八九］六月十八日）、恪勤によって中将に任ずる（長和三年［一〇一四］三月二十二日）、などなど、当時の貴族社会において恪勤という要素が重視されていた様子を見て取ることができる。平安貴族、というと閑雅な暮らしぶりを想像する方も多いが、彼らの業務やそれに伴って身につけておかなくてはならない教養や知識は実に多い。多忙な暮らしの中で、まじめに勤務を続けることは、きちんと評価されるべき重要な項目であった。

ところで実資は、時の権力者である藤原道長《みちなが》にかしづく貴族たちについて「七、八人の上達部《かんだちめ》を以て、世に恪勤の上達部と号す。朝夕、左府《さふ》の勤めを致すか」と書き残している（『小右記』寛弘二年［一〇〇五］五月十四日条）。左府とは左大臣のことで、道長のことである。朝に夕にと、権力者・道長の下に仕える貴族たちが、世間からは皮肉にも「恪勤」と呼ばれているという。こののち、院や貴族に仕える人々のことを恪勤と称する用例も出てくるようになる。権力者とのコネクションが人事や政治的立場を左右するのは、貴族でも下級官人でも変わらない。

ただし、ここで二点ほど補足しておきたい。一つは、こうした上下の結びつきは、決して固定的であったり隷属的であったのではなく、下の者は兼参といって複数の上位者に仕えていたこと。つまり権力者とそこにすがる人々の関係は流動的であったという点である。もう一つは、いかに権力者でもあまりに好き勝手な人事を行うと批判にさらされるという点である。受領の人事も、貧しい国などに当たった受領は権力者に取り入って任国を変更してもらうこともある。しかし、例えばそうした恣意的な人事を露骨にやった左大臣の道長に対して、当時中納言であった実資が「近代の除目、ただ人心にあり」「今度の除目、乱世の政なり」(『小右記』長徳三年［九九七］七月九日条)といった批判を展開している。人事を行う側にとって、自分に奉仕してくれた者に対してきちんと報いるのも必要だが、国政を担う者としての責任も、やはりおろそかにしてはならないのである。

官職・位階・考選といった人事システムは大幅に簡素化され、給与面でも原則通りの支給が困難になったとはいえ、それはあくまでも手段の変化である。官人制の目的は、天皇の手足となり得る官人たちを、皇族・貴族の家を介する間接的な手段を併用してでも、ある程度プールしておくという点にある。やや極端にいえば、この点は古代を通じて変わらない、古代日本における官人制の本質ともいえるのだろう。

3 持続する官人制

†給与と平安時代の官人制

『平家物語』にこんな歌がある（巻四、鵼《ぬえ》）。

のぼるべきたよりなき身は木のもとに　しゐをひろひて世をわたるかな

平安末期の貴族、源頼政《みなもとのよりまさ》が詠んだとされる歌である。頼政といえば、源三位《げんさんみ》という別名で知られることから、三位の官人であったという印象が強い。ただ、三位に昇る前の頼政は恩賞からも外れ、長らく四位《しい》にとどまっていた。そうした状況の中で、官位という木を登ってゆくことができない自分は、その木の下で椎の実を拾ってどうにか生きている、という歌である。そして、お気づきとは思うが、この「しゐ」は椎と四位とを掛けたものである。四位の身分では、まさに拾った椎の実で糊口をしのぐような貧しい暮らしだといいたいのだろう。四位は本来、中堅の貴族であり、奈良時代であれば官人全体の中でもほんの一握りしか昇進することのできない尊貴な身分であった。それが、官人制の体系が縮小したことによって、名目は貴族でも官人社会の中では下っ端に位置づけられざるを得ない。そんな四位の悲哀をうかがわせる歌である。

この歌からはもう一つ、平安末以降になっても官位の昇進と生活は密接に関わった問題であったこともうかがえる。位階の階梯が縮小され、叙位や任官のシステムが変化したとしても、位階のもつ体系性全てが失われたわけではない。このことは、官職にない官人である散位《さんに》が、平安時代を通じて把握され続けている、ということからも指摘できる。

そのことについて、給与との関わりからみてゆこう。一〇世紀に成立した『延喜式』の人事関連規定をいくつか挙げてみたい。まず式部式上257、散位上日条には、

凡《およ》そ散位五位已上《いじよう》の位禄は、上日《じようじつ》廿に満たざれば給う限りにあらず。(後略)

との規定がある。いくら五位以上とはいえ、出勤が二〇日に満たなければ位禄の支給対象からは外すという。散位であっても何かしらの職務に奉仕し、それらの上日を通計して位禄が与えられる原則であったことが確認できる。

これは通常業務の範囲であるが、臨時の業務においてもサボるとペナルティが課せられた。歴代天皇や皇后などの命日は国忌《こき》といって、東寺や西寺で法会が開催され、官人たちが参列者として派遣されることになる。その関連の規定として式部式上69国忌条には、「それ散位五位已上、故なく向わざれば、節会《せちえ》に預かることなかれ。」とある。何の理由もなく国忌の法会を懈怠《けたい》すると、節会への参加を停止されるのである。同様の規定は式部式上73十二月国忌条にも、

凡そ諸司の五位已上、十二月の国忌に参らざれば、節会に預かるを停《とど》めよ。散位五位已上もまた同じくせよ。

とみえる。節会とは、群臣を集めて行う饗宴を伴った宮廷行事で、平安時代には元日、正月七日（白馬節会《あおうまのせちえ》）、正月十六日（踏歌《とうか》）、三月三日（曲水宴《ごくすいのえん》）、五月五日（端午）、七月七日

（相撲《すまい》）、十一月（豊明《とよのあかり》）といった、季節の変わり目の祝いの日に天皇が出御して行われた。この節会に参加すると、節禄《せつろく》というボーナスが与えられる。本来は行事に参加することによる引き出物のような意味合いだったものが、次第に定期的な給与としての性格を持つようになったものである。節会への参加停止は、この節禄を得る機会が失われることを意味し、実質的な減俸処分といえる。

もっとも、正当な理由があれば不参は許される。紀貫之《きのつらゆき》に関わる例を挙げよう。貫之は、『古今和歌集』の選者や三十六歌仙の一人、また『土佐日記』の著者としてよく知られている。紀氏といえば、大宝元年の議政官にも紀麻呂の名があったように、伝統的な名族である。ただ、平安時代になると他の伝統的名門氏族と同様、あまりぱっとしない。貫之と同時代では、菅原道真門下の文人官僚として中納言まで上った紀長谷雄《はせお》などが一族にいるものの、紀氏全体からみると珍しい。貫之は、最終的には従五位上まで到達するが、かれが経たポストは、越前権少掾、少内記《ないき》、大内記、大監物《だいけんもつ》、右京亮《すけ》、土佐守、玄蕃頭《げんばのかみ》、木工《もく》権頭《ごんのかみ》などである。お世辞にも顕官とはいいがたいキャリアであり、和歌や文学の世界での華々しいイメージとはかなり異なっている。そして延喜二十一年（九二一）、さきの官歴でいえば大監物となる二年ほど前、貫之はおよそ五〇歳前後にして散位であった。

散位紀朝臣貫之

右、大納言正三位兼行民部卿藤原朝臣清貫宣すらく、勅を奉《うけたま》わるに、件の人、所預の事あるにより、今月十日の国忌に参らず。彼の不参の責を免ずべし、てえり。

延喜廿一年三月十一日　大外記兼讃岐権掾伴宿禰久永奉

醍醐天皇から、〝貫之は所預《ところあずかり》の業務があったので、十日の国忌（桓武の皇后である藤原乙無《おとむ》漏《ろ》の忌日）には参加しなかった。その不参についての責めは免ずるように〟との勅があったという（『類聚符宣抄』巻四、帝皇〔国忌〕、延喜二十一年三月十一日宣旨）。所預とは、宮中にいくつかある天皇直属の部局（所）の責任者（預）で、貫之は、天皇の書物を管理する御書所《ごしょどころ》の預であった。この勤めがあったので国忌に参加することができず、醍醐もそのことを承知していたので、貫之を咎めることがないようにとの勅を下したのであろう。

†散位寮の〝廃止〟とその後の散位

このように、平安時代においても散位は存在する。実は、散位を管理する官司である散位寮は、寛平八年（八九六）に廃止されていた。しかしだからといって、散位の管理が放棄されたり、散位という存在が消滅したわけではないことは、さきの例からも明らかだろう。散位たちは、正当な理由なく通常業務を懈怠すると上日不足で位禄の支給基準に達しない可能性が生じ、臨時の業務を懈怠しても節禄等にも与ることができないことになっていた。つまり散位であっても、官人としての勤務が義務付けられ、国家による管理は続いているのである。

散位寮が〝廃止〟された際の太政官符をみると、

太政官符す　諸司の併置すべき、ならびに官員を省くべきの事
内薬司《ないやくし》典薬寮に併《あわ》す　散位寮式部省に併す　主油司《しゆゆし》主殿寮に併す　園池司《えんちし》内膳司に併す
右の寮・司ら、職おのおの清閑なり。置くところ惟（脱文あるか）。伏して望むらく、遂に便ち併省し、其の務《つとめ》を済まさしめんことを。
（中略）
寛平八年九月七日

これらの諸官司は激務でもないので、ほかの官司に併合するという(『類聚三代格』)。つまり、散位寮はただ廃止されたのではなく、その職務も含めて式部省に併合されたということになる。さきにも一部みたが、『延喜式』には、式部省に関する式の中に散位のことがみえる。ほかにも、内外に使者として派遣された散位の上日は、太政官が把握したのちに式部省へ下すこと(式部式上240使上日条)や、国忌や諸社での祭・諸寺での法会などに参加した散位などの上日は、太政官の名簿に基づいてカウントすること(式部式上72給上日条)、などが定められている。このように散位は、散位寮廃止後も、太政官と式部省によって管理され続けていたことがわかる。

そうした中、散位についても労《ろう》が存在して、一定期間散位を務めると官職に任ぜられる慣例ができてゆく。『朝野群載《ちょうやぐんさい》』巻九、功労には、延久四年(一〇七二)正月九日に散位従五位下の藤原惟房《これふさ》という人が任官を求めた際の申文《もうしぶみ》が残されている。その一節を挙げると、「散班《さんぱん》たるのもの、件等の官(=治部・大蔵少輔、諸司長官など)を拝任するは、すでに定準たり」とある。散班というのは、三巻本『色葉字類抄《いろはじるいしょう》』によると散位のことであるという。すなわち散位として一定期間が経過した者は、その労によって治部・大蔵少輔や諸司長官などの官に任ぜられるのが例であった。このように一一世紀の半ばを過ぎた段階でも、散位は官職にあった経験を持つ官人として把握されていた。

一方、少し時代の下った例になるが、『源平盛衰記《げんぺいじょうすいき》』には平敦盛《たいらのあつもり》が「無官大夫《むかんのたいふ》」とされた例がある。無官大夫とは、『貞丈雑記《ていじょうざつき》』によれば、「無官太夫と云事、官は無くして四位五位の位ばかり受けたるを云也」とある。つまり、四位や五位に叙されてまだ任官のないものを無官と称するようになっていったらしい。令制では、位があって官職にないものはすべて散位であるが、平安時代には、散位はかつて官職にあったが今はないもの、無官は任官経験が一切ないもの、という区別も生まれたようだ。

以上のように、位階や官職の体系が縮小化したとはいえ、散位といった官職にない官人の把握も継続的に行われていたのである。また、位階が歯抜けになっているとはいえ、一位〜八位の大枠は維持されていたことからすれば、やはり官人制の体系性が完全に失われたともいいがたい。

†権中納言——余剰人員と官制の変容

『源氏物語』をはじめ、平安時代に興味を持ったことがある方であれば、権中納言《ごんのちゅうなごん》という言葉を聞いたことがあるだろう。権とは〝かり〟という意味であり、正規の中納言の定員外に設定された、いわば臨時の中納言といった意味である。こうした権官《ごんかん》は、平安時代以降大納言《だいなごん》や大宰帥《だざいのそち》など様々なポストに設定された。さらに、似たようなものとして、近衛《このえ》員外中将《いんがいのちゅうじょう》などのような武官にも員外官が設置された例などがある。これらの設置事情は様々だが、大まかには任ぜられるべき者が増えすぎて、ポストを増やす必要が生じてきたということが背景の一つにある。実質的に機能する位階の幅や、国家の官制の範囲が狭まったこととは裏腹に、貴族たちは朝廷という狭い社会に殺到することになる。結果、彼らが就くべき中納言や大納言といったポストは、定員通りではとても足りないという状況を迎えたのである。

定員と権官の本来のありかたを考えるにあたり、遡って大宝令施行当初の中納言をめぐる人事の動きを見てみよう。大宝元年（七〇一）三月甲子の人事で、それまでの浄御原令《きよみはらりょう》で設置されていた中納言のポストが廃止になり、新たに大宝令に基づく大納言に一本化された。その時点では、すでに大納言に阿倍御主人《あべのみうし》が就いており、大宝令での大納言の定員は四人で残り三名である。一方、廃止となる中納言には石上麻呂《いそのかみのまろ》・藤原不比等《ふじわらのふひと》・大伴安麻呂《おおとものやすまろ》・紀麻呂《きのまろ》の四人がいた。このうち石上麻呂・藤原不比等は正三位、大伴安麻呂と紀麻呂は一階下の従三位であった。上席にあたる正三位の二人が大納言として議政官に残ることは確定的であったと思われるが、そうすると従三位の二名のうち一名だけは定員オーバーになってしまう。結果的に大伴安麻呂が外れ、大納言は四人でスタートすることになった。大伴安麻呂は、翌大宝二年に「朝政に参議せよ」という詔によって、後の参議のような立場で議政官に戻ることとなるが、しかるべき人がいても厳密に定員を守ろうとする姿勢は、平安時代の権官のあり方とは全く異なっているといえるだろう。

ところで権官はふつう、正官よりも下位とされ、平安時代でも見習い的に権官に任ぜられ、何年かの勤務を経たのちに正官に転じることが多い。ただ、摂関家にとっての権官は少し異なる意味合いもあったらしい。一〇世紀後半以降には、摂関家の子弟が公卿に昇ると、権中納言→権大納言→大臣という昇進ルートをたどる例が増加する。

たとえば藤原道長《みちなが》は、永延二年（九八八）正月に二三歳で参議を経ずに権中納言となっているが、正暦二年（九九一）九月には早くも権大納言となっている。さらに長徳元年（九九五）五月には内覧《ないらん》、六月には右大臣となるなど、中納言・大納言は権官で素早く通り過ぎ、大臣へと上っている。また道長の息子の頼通《よりみち》は、寛弘六年（一〇〇九）三月に一八歳でやはり参議を経ずに権中納言、長和二年（一〇一三）六月に権大納言、そして長和六年三月には内大臣と、同様にスピード昇進である。このように正任の納言を経ず、さらに上位の大臣に昇ってゆく者の大部分は特別の家柄の者、具体的には摂関家の有力子弟である。比較として、道長と近い時期の藤原公任《きんとう》という人を見てみると、正暦三年（九九二）八月に二七歳で参議となり、長保三年（一〇〇一）八月に中納言、寛弘六年（一〇〇九）三月に権大納言となって、公卿としての昇進はそこでストップしている。公任の父も、関白を務めた藤原頼忠《よりただ》であり、決して家柄は低くないが、その頼忠は道長の父・兼家《かねいえ》との争いに敗れて政界を去った人物である。道長たちと比べると、立場の差は歴然としていた。

このような、摂関家の若手が短期間に権中納言・権大納言と官を通過してゆく意味とは、彼らの家柄にとっては摂関や大臣こそがふさわしく、納言の地位はかりそめの通過点であったことを示すと考えられる〔黒板一九八〇〕。

ただ、かりそめとはいえ、大臣になる前に中納言や大納言といった官職を通過するというのは、やはり官人制の体系が一応は維持されているとも評価できる。家の定着によって官僚制本来のシステムは機能低下したものの、だからといって何の段階も経ずにいきなり大臣になれるわけではない。しかるべき昇進ルートを経て、高位高官を目指すのである。

†昇進と名乗り

ところで、こうした昇進や異動によって官職が変わると、名乗りや呼称も変化することになる。例えば、『源氏物語』の主要人物の一人で光源氏の親友でありライバルでもある頭中将《とうのちゅうじょう》は、のちには内大臣などと、その時の官職によって呼称が変わってゆく。

官職名などが通称として用いられるのは、平安時代に始まったことではない。『日本書紀』をみると、蘇我蝦夷《そがのえみし》は豊浦大臣《とゆらのおおおみ》、その子の入鹿《いるか》は林臣《はやしのおみ》・宗我大郎《そがのだいろう》・鞍作《くらつくり》、といった通称が用いられている例が散見する。すべての時代・すべての官人たちが実際にどのように呼ばれていたかは史料的に明らかにしがたいが、古代では「大伴長徳《ながとこ》〈字《あざな》は馬飼《うまかい》〉」(『日本書紀』孝徳即位前紀、大化五年〔六四九〕四月二十日条)や、「大内記従五位下和気朝臣貞臣《わけのあそんさだおみ》卒す。貞臣、字は宿栄《しゅくえい》」(『日本文徳天皇実録』仁寿三年〔八五三〕四月十四日条)のように、字という通称を用いた例も時折見かけられる。実名は、公文書などには用いられるが、基本的には諱《いみな》であるから、声に出して呼ぶことは憚られる。そのために通称が用いられるのだが、そうした通称に官職名などが用いられることは、日本の有史以来、ほとんどの時代に見出すことができる。

鎌倉時代後期以降、庶民の間でも通過儀礼として、官途成《かんとなり》といって「○○衛門《えもん》」や「○○尉《じょう》」といった官職名もどきを名乗る儀礼が成立するが、いずれも宮城を守る衛府《えふ》の官職名に由来するものである。他にも、「○○丞」「○○進」「○○介（助・輔）」といった四等《しとう》官《かん》に由来する名の例は多々存在する。

こうした通名の場合、天皇が授与するような本来の官職とは全く異なったものであることは言うまでもない。ただ、実名を避ける必要性があったことで通名が必要になり、そこに官職に淵源する肩書の存在が入り込むことになる。官人身分にあることは、特権を有する支配者層であることを示すので、それに似た名を名乗ることは一人前になった証としてもちょうどよかったのかもしれない。名乗りに関わる慣習も、結果的に日本列島の中に古代の官職が残る一つの要因になったと考えておきたい。

†崩壊か変容か

ここまで本書では、律令官人制の構造や、官人制が日本に受容されてゆく姿を概観してきた。またその中で、多様な特権などによって受容されてゆく側面がある一方、平安時代以降には大きくその姿かたちを変えてゆくことも述べた。

ただ、官人制の縮小や変容を経たとはいえ、彼らはあくまでも八世紀以来の官職や位階を名乗り続けるのであって、全く新しい別の身分体系を設定することはない、という点は評価されるべきではないだろうか。中世以降の武家社会において、特有の職名や家の格式が登場することはあるが、それは律令官人制を否定するものではないし、何より武士もまた朝廷から位階や官職を与えられることで自らの権威付けをしていた。武家社会の中で家の血筋・由緒が重要な意味を持ったことで、先祖や高名な武士が用いていた官位を名乗ることに重きが置かれていたのが理由とみられている〔木下二〇一一〕。アイデンティティを歴史に求める中で、官人としての肩書が地位の証明でありつづけたといえる。加えて、官制と位階の体系が極めて完成度の高いものであったことも大きい。完成度が高いということは、簡単に新しい制度に置き換えることが困難であり、さらに位階や官職が形骸化して名誉職と化しても、その位置づけや意味合いがはっきりしやすい。こうした官人制の持つ本質的な性格、そして何よりも奈良時代を通じて律令制・律令官人制が急速に日本列島に定着していったことなども重要である。

また彼らが服する規範も、やはり律令制であり続けた。律令の補充改正法に相当する格《きやく》は、弘仁格《こうにんきやく》（八二〇年制定、八四〇年改正・施行）、貞観格《じようがんきやく》（八六九年制定・施行）、延喜格（九〇七年制定、九〇八年施行）の三代の格が編纂され、さらにこれらを整理し直した『類《るい》聚三代格《じゆうさんだいきやく》』が一一世紀に編纂される。また律令の施行細則である式《しき》もあわせて整備され、弘仁式（八二〇年制定、八四〇年改正・施行）、貞観式（八七一制定・施行）、そして延喜式（九二七年制定、九六七年修訂ののち施行）で集大成され、その後の公家社会の規範となった。さらに、法律案件ごとに律令格式の条文や注釈を集めた『法曹類林《ほっそうるいりん》』や『法曹至要抄《ほっそうしようしょう》』といった法律の実務に関わる書物が平安末〜鎌倉初期にかけて相次いで編纂されたことで、律令格式の運用の簡便化も図られてゆく。

第二章において、律の運用が不完全であった奈良時代には、令を基本的な規範として国制が運営されていたことを述べた。平安時代になると、基本の法典である律令だけでなく、格式《きゃくしき》も整い、社会状況の変化に応じて制度を変容させつつ運用してゆくことが可能になった。

こうして、律令格式に基づく国制運営が変容しながらも継続していたからこそ、鎌倉幕府草創期には京下り官人と呼ばれる人々が活躍することになる。問注所執事《もんちゅうじょしつじ》となる三善康《みよしのやす》信《のぶ》は太政官の弁官局《べんかんきょく》の事務方である史《し》であり、なおかつ史として五位に昇った大夫史《たいふのし》という立場であった。また公文所寄人《くもんじょよりうど》・奉行人として活躍する中原親能《なかはらのちかよし》などは、明法家《みょうぼうか》の家に生まれ、律令格式に精通していた人物である。さらに公文所別当・政所《まんどころ》別当となる大江広《おおえのひろ》元《もと》は、明法家である中原氏の養子であることに加え、長く太政官の書記官である外記《げき》として院政期の国制運営に携わってきた。律令官人として文筆能力に長け、制度を自在に運用できる能力は、時代の転換点にあっても大きなアドバンテージであった。

†地方に根差す官人身分

ここで、少しだけ地方における展開にも触れておこう。

九世紀になると、地方諸国で官人身分を持つものがあふれかえる、という現象が社会問題に発展した。九世紀末の播磨国では、衛府舎人《えふのとねり》の肩書を持つ人々が納税者の半数を超え、かつ国司へ対捍《たいかん》するといった問題が起きている。こうした者たちの処遇は、国家にとっても悩みの種であった。

弘仁二年（八一一）、河内国で散位寮に上日することなく郷里に留まる散位・位子《いし》・留省《るしょう》（任官前に式部省預かりとなっている者）が多く発生していた。彼らは、河内国内で雑任《ぞうにん》という、官人に準じる立場として堤防修理などの国内業務に充てられたという（『日本後紀』弘仁二年四月甲戌条）。また延喜二年（九〇二）には、多数発生していた「本職《ほんしき》に従わざる諸司史生《ししょう》已下諸衛舎人、ならびに諸院宮王臣家色々の人、および散位々子留省ら」を雑役に充てることが、貞観年間（八五九〜八七七）以来諸国で広く行われているとある

（『類聚三代格』巻二十、延喜二年［九〇二］四月十一日官符）。つまり九世紀後半以降、諸国の雑多な業務の担い手として、余っている官人身分の者を編成していたのである。彼らは、時には官職や位階、あるいは自身が仕える本主の権威を恃みにして、国司に対捍し、社会問題となっていた（『類聚三代格』巻十四、出挙事、寛平六年［八九四］二月二十三日官符）。また彼らは身分的には官人でもあるので、地元ではその身分や本主の存在をタテに権勢を振るう。そんな連中を、国家としては支配の一端に組み込もうとし続けたのである。

また、散位に「兵仗《へいじょう》を帯せしめ」国検非違使に任用した事例（『日本文徳天皇実録』天安元年［八五七］八月辛未条）や、少し時代の下った、天暦十年（九五六）六月十三日には近江国内の凶党追捕に散位が充てられた事例などもある（『朝野群載』巻二十二、諸国雑事上、追討使官符）。兵器を扱い軍勢を率いることができる前提として、地域で大人数を動員するだけの力を有している必要がある。こうした例からも、地方諸国における官人身分を持つ者が、有力者として成長していた姿を読み取ることができるだろう。

このように、地方で官人あるいは官人に準じる身分を持つ者を諸国行政に活用した例は枚挙にいとまがない。彼らは諸国内で放置されたのではなく、また規制されたばかりでもない。官人として、様々な形で諸国行政に活用されるべき存在であった。

一方、地方社会の中での位置づけはどうだろうか。九世紀半ば、承和九年（八四二）の豊後国において、前《さきの》豊後介であった中井王という人物が、任が終った後も豊後に留まり続け、日田郡に設けた私宅を拠点として豊後国内の諸郡や、筑後・肥後等の国にまで私的な経営を広げ人々を虐げたという。彼の行いは非法だが、国司の前任者が地域で大きな力を持っていたことの裏返しであり、官職というものがそれだけ地域社会に強い影響を与えるものであったことを示している。中井王の場合は、大宰府からの訴えにより帰京させられたので、その後もずっと九州に根を張っていた訳ではないが、中央からやってきた国司の前任者であるという立場が地方社会に与えた影響を読み取ることができる。

都の人々は、勝手に地方へ下向することは許されないし（一五一頁）、平安時代でも地方の人々の負担をいたずらに増やす存在として、原則として禁制の対象でもあった（『類聚三代格』寛平七年十二月三日官符など）。しかし、国司などとして赴く分には構わない。そうして律令制のポストを利用して、そのまま土着を試みた者も多かったのである。

東国に目を向ければ、上総国に下向して平将門《たいらのまさかど》らの祖となった高望王《たかもちおう》など、地方に土着してゆく貴族は多い。こうした背景に、地方における官職の優位性があったことは言うまでもない。ただし将門も若い頃は、左大臣・藤原忠平《ただひら》の推挙で滝口《たきぐち》（蔵人所《くろうどどころ》所属の、内裏を警備する下級武官）として都に出仕していたように、土着した人々も中央との関わりを続けながら地方での活動を展開していた。

国家によって施行された官人制が地方の変化を促し、それによって国家も政治体制を変化させてゆく。中央と地方は、または律令官人制と地方社会は、あくまでも連動して展開してゆくものであった。

†平安中後期の地方社会と散位

その後のこうした問題について、細かく変遷を述べるだけの余裕はないので、肩書の中でも散位に関わる例を三つほど挙げたい。

まずは、尾張国の人々や郡司らが、受領の藤原元命《もとなが》を訴えたことで知られる「尾張国《おわりのくに》郡司《ぐんじ》百姓等《ひゃくせいら》解文《げぶみ》」である。この中に、寛和三年（九八七）の太政官符による「諸国受領の吏の多く、五位六位の有官《うかん》・散位の雑賓《ざつひん》を率いて任に趣くを禁制すること」という禁令を、元命が無視しているとの訴えがある。この当時、五位や六位の散位が、受領の郎党として任国に下向して非法を行うのが常態であり、国家としてはそれを禁制する方針をしっかりと打ち出していた。しかし元命はこうした禁制を無視し、郎党を率いて尾張に下向しており、彼らもまた非法を行っていた。しかも元命は、この官符の内容が自分にとって都合が悪いため、尾張国内への布告を行わなかったというから質が悪い。

ここで注意されるのは、有官すなわち官職を持つ者だけではなく、散位もまた現地で非法を行っている点である。現地で非法を行うためには、受領の権威を笠に着るのはもちろんのこと、当人にも一定の権威があることが望ましい。散位は、官職にないとはいえ位階を持つ身である。彼らの位階や、散位という肩書が、地方社会の中で一つの権威として機能していたことを示している。

こうして散位という身分が定着すると、地方社会において様々な形で散位という肩書が名乗られることとなる。康治二年(一一四三)尾張国安食荘立券文案という文書には、多くの散位たちの存在が記され、国衙を運営する在庁官人たちの中に散位がかなり含まれていたことが確認できる。彼らの中には、ただ散位と名乗る者、判官代など四等官の代役を務める散位などの様々な姿が確認でき、散位が地方行政と深くかかわるようになっていたことを示す。さらにその中に、「掾散位」「権介散位」「介散位」など、四等官を名乗る散位という不可解な存在がみえる。四等官は令に規定のある官位相当が設定されたポストであるから、散位であるはずはないので、律令制本来の用語としては正しくない。尾張国内だけで通用する肩書として存在していたとみる向きもあるが〔小原二〇〇九〕、ともかく実際にこのような妙な肩書が文書に記されていることからすれば、やはり官職になく位階のみを持つ存在であった散位が、地方社会でもその人の地位と深くかかわるものになっていたことがうかがえる。

散位の事例の最後に、奥州藤原氏の初代として知られる藤原清衡《きよひら》を挙げておく。清衡によって建立された中尊寺金色堂には、清衡の名が記された天治元年（一一二四）の棟木《むなぎ》が残っている。それによると、

安倍氏
大檀散位藤原清衡　女檀　清原氏
平氏

とあって、肩書は散位を名乗っていることが確認できる。清衡は、いつ位階を獲得したか定かではないが、遅くとも永久五年（一一一七）には散位を肩書として用いていたことが、現在高野山に納められている中尊寺経などから確認できる。これについては、いち地方豪

族の清衡が散位しか名乗るものがなかったとする見方もある。ただ、天治三年の中尊寺建立供養願文には「弟子正六位上藤原朝臣清衡」とみえる。この願文は、鎮護国家の大伽藍建立と、白河法皇・鳥羽上皇・崇徳天皇の長寿祈願を標榜したものであることや、わざわざ都の文章家である藤原敦光《あつみつ》に起草させたものであること、さらに「朝臣」というカバネも書かれていることから、都に向けた公的な内容と判断される。こうした際の肩書としてはやはり位階が重要だったのだろう。その一方で金色堂の棟木に書かれた銘は、上棟に際し記された、いわば内輪向けのものである。清衡にとって、散位という肩書が身近なものであり、地元向けにも名乗っていたものだったと推測したい。

このように律令制に淵源する肩書は、次第に地方へと浸透していった。鎌倉時代の古文書などでも、散位という肩書を名乗る地方有力者などの例は頻繁に目にすることができる。

†太政官という存在

平安時代の人事において、天皇の代替わりごとに改められるポストが増えたことや、各方面でみられる世襲化によって、表面的に律令官制は大きく変貌したようにも見える。見方によっては、あたかも七世紀以前の大王と豪族との関係が復活したようにも受け取り得るかもしれない。ただ大きな違いは、平安時代以降は太政官という国家的機構が、律令格式という法制度に基づいてガバナンスを利かせる形式を継続している点である。

前節で述べたように、年労《ねんろう》や年官《ねんかん》といった新しい人事の方式が成立しても、その人事が決まる場は天皇の御前で、太政官によって取り仕切られる除目《じもく》であった。加えて、散位寮が廃止された後も、散位たちの管理は太政官の下で式部省が担い続けるものであった。言い換えれば、それだけ太政官が人事権を掌握し続けている、ということでもある。つまり、権力核が分散したような体制となっても、それらの国家的統制は放棄されていないということになる。さらに摂関政治においても、結局は太政官との一体化が重要だったのであり、摂関や所々といった新しく成立したポストや機構も、太政官との一体化を強める方向で展開してゆく。

日本の律令官制、特に中央官制は、二官八省といわれる。この表現だと、二官すなわち神祇官と太政官が並び立っている印象を持つが、実質的には神祇官は太政官の下にあった。つまり官僚機構の中で、国政の頂点は太政官なのである。ちなみに律令制の母国である唐では、三省六部といって、皇帝の下に尚書省《しょうしょしょう》・中書省《ちゅうしょしょう》・門下省《もんか》の三省が置かれ、尚書省の下に吏部《りぶ》・戸部《こぶ》・礼部《れいぶ》・兵部《へいぶ》・刑部《けいぶ》・工部《こうぶ》の実務官司が配置され、中央官制の中核をなしていた。日本の律令制では、詔勅の起草・施行は太政官に一元化（詔勅の起草は中務省の職掌だが、あくまで太政官の管下である）されていたが、唐制では詔勅の起草は中書省、その審議は門下省、施行は尚書省というように、権限が分割されていた。また国政の審議も、日本では太政官の議政官が担うが、唐では尚書省の尚書令《れい》や左右僕射《さゆうぼくや》に加え、中書省の中書令や門下省の侍中《じちゅう》などが構成員となって行われていた。このほかにも日唐の律令制を比較すると、日本の方が財政上の権限や裁判権などにおいて太政官に権限が集中するよう設定されていることが明らかにされている。つまり官制上の機能としては、唐の三省よりも日本の太政官のほうが、国政の諸機能が集約されていることになる。このあり方が日本の古代国家の基礎にあり、平安時代においても、天皇の下で国政を統括しうる唯一の官司が太政官なのであった。

古代と中世の違いは何かといえば、古代では国家のすべての権力が天皇に帰するのが原則であったが、中世ではそれが、公家・武家・寺社といった勢力に分掌されることが一つの特徴である。天皇や律令、そしてその下で政務を掌る太政官は、ほとんどの場合において公家社会を中心とした権力核や規範としての限定的な存在となる。しかし存在そのものは否定されることなく連綿と続いてゆき、近代でも一時的とはいえ、明治維新政府の最高行政機関としてその名が用いられた。

律令国家は制度上、天皇の下に一元化された中央集権国家である。そしてすべての官人たちは、天皇に「奉仕」、「仕奉《しぶ》」する存在である。しかし実際には、律令制成立以前から平安時代にいたるまで、実際には有力な皇族や貴族に仕えているような例を数多く見出すことができる。ただし、そうしたことは律令制や律令国家の虚構的な性格を示唆するものではない。皇族や貴族が天皇に奉仕している限り、あるいは皇族や貴族が太政官の議政官などとして国政に参与している限り、彼らに従う下級官人も間接的ながら天皇に奉仕していることになる。そしてそうした体制は、他ならぬ律令制が規定した姿であった。

エピローグ

官人制への関心は後世の人々にも強くあったようで、一四世紀には北畠親房《きたばたけちかふさ》により『職原抄《しょくげんしょう》』という官職や官制の沿革を述べた解説書なども編纂され、近世まで読み継がれていった。この『職原抄』は元々幼学書という性格のものではあったが、一七世紀になると、漢文で書かれていて内容も堅く難しいということで、その内容を和歌と漢字仮名交じりの解説で分かりやすくかみ砕いた『和歌職原鈔』といったテキストも成立する。この『和歌職原鈔』序の冒頭のところを紹介しよう。

そもそも本朝の国司、家諜《かちょう》及律《りつ》、令《りょう》、格《きゃく》、式《しき》等、代々の勅撰集そのほか伊勢物語、源氏物語、清少納言が枕草子、兼好が徒然草のたぐひまで、先彼《まずかの》官職の事を究《きわめ》知らずしては通暁しがたき所あり。

（わが国の歴史や、家の系図、律令格式、歴代の勅撰集や伊勢物語・源氏物語・枕草子や徒然草などまで、官職のことをきちんと理解していないと十分に分からないことがある。）

またこの序では、本書は「室に入《いり》、堂に昇るの門戸（学芸を上達させその神髄に達するための入り口）」とする、とも述べられている。これらを要するに、官職のことを知ることが、国・家の歴史、法制、さらに和歌や文学作品を学ぶための必須の教養である、と位置づけている。こうした理解は、明治三十五年（一九〇二）に初めて発行された和田英松『官職要解』（明治書院）にも受け継がれている。歴史・法制・文学といった学問が近世や近代においても脈々と受け継がれる中で、基本的な知識として官人制への理解が必須とされていた。

近世の武家官位は、律令に定められた官位相当とは異なり、家柄に規制される部分が多い。プロローグで挙げた徳川光圀でいえば、水戸徳川家は代々権中納言の家柄であった。またそもそも、大名が中納言に任ぜられたとしても、朝廷で議政官としての役割を担うわけではない。さらに叙位や任官の文書などは朝廷が作成するものの、官位の決定権はあくまで幕府にあった。こうしてみると、律令制に淵源をもちながらも、自立した制度として運用されたものであったといえる。ただそれでも、その時代に名乗られている官職の淵源や意味付けについての歴史的な理解が広い範囲の人々に求められていたことを、『和歌職原鈔』の序は示している。

本書では官人制の全体像を示すことに軸をおいたため、地方についてはごく僅かしか触れることができなかったが、八世紀以降の地方でも、官職を中心とした官人身分が定着し、その官職や官職的な名称を持つ肩書や名乗りが、中央とも連動しながら受容されていったことは疑いない。その意味において、律令官人とは都のほんの一握りの貴族だけのものだったのではなく、広く日本列島の人々にとってなじみ深いものとなっていった。このことが、官人制が近世でも完全にその命脈を断たれなかった理由の一つなのだろう。古代に生きた人々の営みは多様だが、そうした営みの一つである官人制を体系的にとらえなおすことが日本の諸文化への理解につながることは、江戸時代も現代も変わらない。

官人制は役人の制度である。そのため官人制を論じようとすると支配者側の視点にも偏ってしまいやすく、一般庶民のリアルな暮らしとは遠い世界と思われることもある。しかし、官人身分を持った多くの人々が、変わりゆく社会や制度の中で様々に生き抜いた姿もまたリアルな歴史であり、日本の歴史を紡いできた人々であったことは間違いない。

巻末資料

官司		親王一品	二品	三・四品	正一位	従一位	正二位	従二位	正三位	従三位	正四位上	正四位下	従四位上	従四位下	正五位上	正五位下	従五位上	従五位下
官	神祇官													伯				大副
官	太政官	太政大臣	左大臣 右大臣	大納言	太政大臣		左大臣	右大臣	大納言				大弁		中弁	少弁		少納言
省	中務省			卿							卿				大輔		少輔	侍従
省	他の七省*			卿								卿				大輔		少輔
職・坊	中宮職 春宮坊										皇太子傅			大夫				亮 皇太子学士
職・坊	大膳職 京職 摂津職														大夫			亮
寮	大寮																頭	
寮	小寮																	頭
司	大司																	
司	中司																	
司	小司																	
司	下司																	
	弾正台												尹			弼		
府	衛門 衛士														督			佐
府	兵衛																督	
	大宰府			帥						帥					大弐			少弐
国	大国																守	
国	上国																	守
国	中国																	
国	下国																	

＊式部省・治部省・民部省・兵部省・刑部省・大蔵省・宮内省

正六位		従六位		正七位		従七位		正八位		従八位		大初位		少初位	
上	下	上	下	上	下	上	下	上	下	上	下	上	下	上	下
少副		大祐	少祐						大史	少史					
大史				大外記 少史		少外記									
大内記	大丞	少丞		中内記 大録				少内記 少録							
	大丞	少丞		大録				少録							
		大進	少進						大属	少属					
			大進	少進					大属	少属					
	助 大学博士				大允 助教	少允 音・書・算博士				大属	少属				
		助			医・陰陽・天文博士	允 陰陽師 暦博士	医師				大属	少属			
正 奉膳							佑 典膳					令史			
	正							佑					令史		
		正							佑					令史	
			正												令史
大忠	少忠			大疏				少疏							
			大尉	少尉					大志	少志					
	佐				大尉	少尉				大志	少志				
	大監	少監		大典			博士	少典							
	介				大掾	少掾				大目	少目				
		介				掾					目				
	守							掾					目		
			守											目	

官位相当表

(新日本古典文学大系『続日本紀』一、岩波書店、1989年)

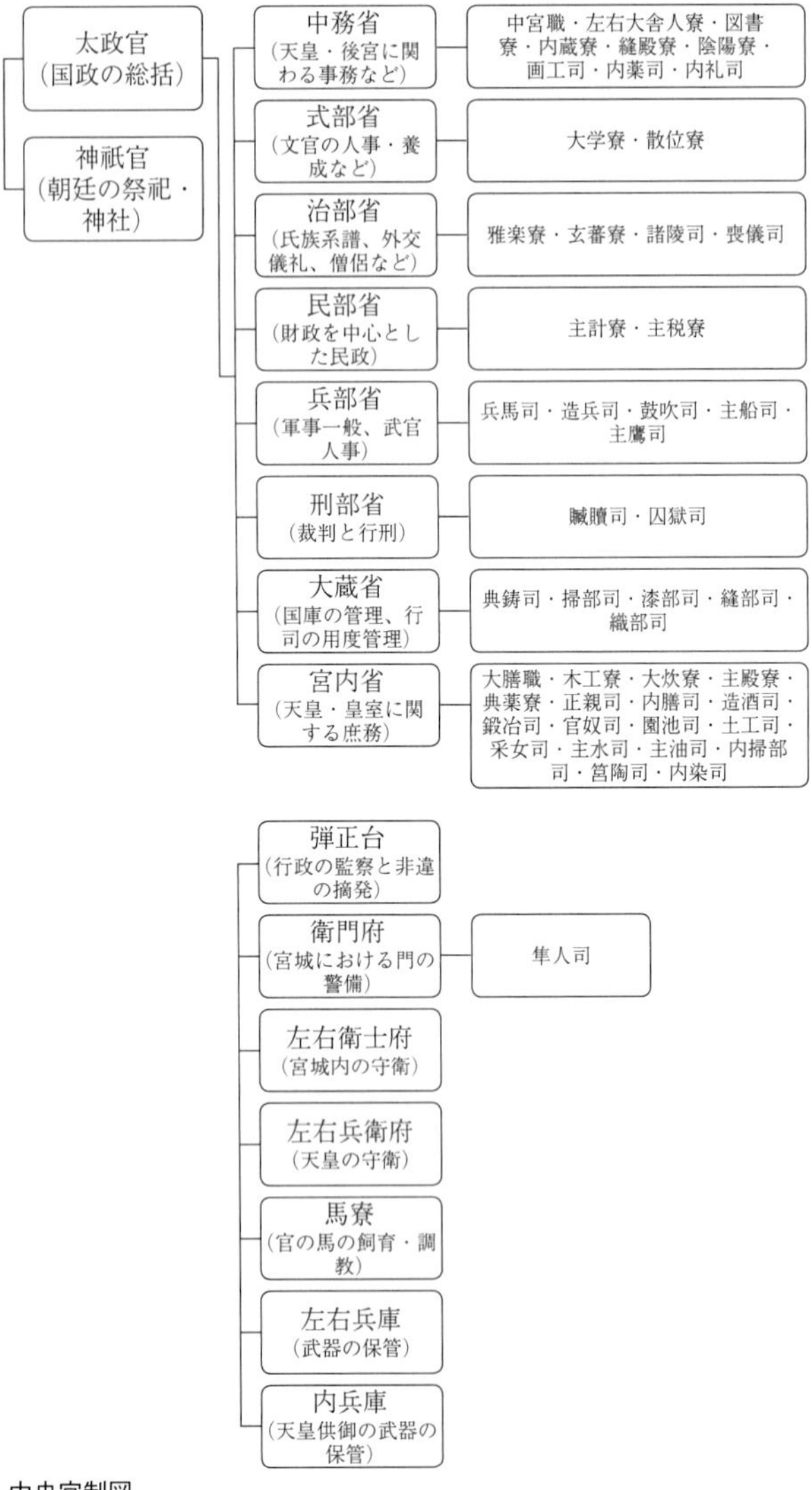

中央官制図

（出口ほか編『概説日本法制史』弘文堂、2018年）

参考文献

全体あるいは複数章に関わるもの

十川陽一『天皇側近たちの奈良時代』（吉川弘文館、二〇一七年）
土田直鎮『奈良平安時代史研究』（吉川弘文館、一九九二年）
出口雄一・神野潔・十川陽一・山本英貴編著『概説日本法制史』（弘文堂、二〇一八年）
時野谷滋『律令封禄制度史の研究』（吉川弘文館、一九七七年）
野村忠夫『律令官人制の研究　増訂版』（吉川弘文館、一九七〇年）
同『官人制論』（雄山閣出版、一九七五年）
同『古代官僚の世界』（塙書房、一九六九年）
長谷山彰『日本古代史　法と政治と人と』（慶應義塾大学出版会、二〇一六年）
山下信一郎『日本古代の国家と給与制』（吉川弘文館、二〇一二年）
吉川真司『律令官僚制の研究』（塙書房、一九九八年）
吉村武彦『日本古代の社会と国家』（岩波書店、一九九六年）

第一章

川尻秋生「日本古代における合議制の特質」（『歴史学研究』七六三、二〇〇二年）
熊谷公男『大王から天皇へ　日本の歴史03』（講談社学術文庫、二〇〇八年）
佐藤全敏『平安時代の天皇と官僚制』（東京大学出版会、二〇〇八年）

佐藤長門『日本古代王権の構造と展開』（吉川弘文館、二〇〇九年）
鈴木景二「下級国司の任用と交通―二条大路木簡を手がかりに―」（『木簡研究』一四、一九九二年）
寺崎保広『古代日本の都城と木簡』（吉川弘文館、二〇〇六年）
礪波護『唐宋の変革と官僚制』（中公文庫、二〇一一年）
虎尾達哉『日本古代の参議制』（吉川弘文館、一九九八年）
中村順昭『橘諸兄』（吉川弘文館、二〇一九年）
奈良文化財研究所『地下の正倉院展　式部省木簡の世界―役人の勤務評価と昇進―』（平城宮跡資料館平成二十八年度秋期特別展、二〇一六年）
野村忠夫『律令政治の諸様相』（塙書房、一九六八年）
春名宏昭『律令国家官制の研究』（吉川弘文館、一九九七年）
坂靖・青柳泰介『葛城の王都　南郷遺跡群』（新泉社、二〇一一年）
森公章『阿倍仲麻呂』（吉川弘文館、二〇一九年）
宮崎市定「日本の官位令と唐の官品令」（『宮崎市定全集22』岩波書店、一九九二年。初出一九五九年）
同『科挙―中国の試験地獄』（中公新書、一九六三年）
渡辺晃宏『平城京と木簡の世紀　日本の歴史04』（講談社学術文庫、二〇〇九年）

第二章

井上薫『日本古代の政治と宗教』（吉川弘文館、一九六一年）
坂上康俊「律令国家の法と社会」（歴史学研究会・日本史研究会編『日本史講座2　律令国家の展開』東京大学出版会、二〇〇四）

十川陽一「奈良時代の下級官人把握―散位を通じて―」(『国史学』二一三、二〇一四年)
同「地方における律令官人制の展開と受容―勲位を中心に―」(三田古代史研究会編『法制と社会の古代史』慶應義塾大学出版会、二〇一五年)
中林隆之「律令制下の皇后宮職」(上)(下)(『新潟史学』三一・三二、一九九三・一九九四年)
春名宏昭「官人家の家政機関」(笹山晴生先生還暦記念会編『日本律令制論集』上、吉川弘文館、一九九三年)
山本幸男『写経所文書の基礎的研究』(吉川弘文館、二〇〇二年)
吉田孝『律令国家と古代の社会』(岩波書店、一九八三年)

第三章

大隅清陽『律令官制と礼秩序の研究』(吉川弘文館、二〇一一年)
小口雅史「日本古代における「イネ」の収取について」(黛弘道編『古代王権と祭儀』吉川弘文館、一九九〇年)
「古代北方世界に生きた人びと―交流と交易」実行委員会編集・発行『古代北方世界に生きた人びと―交流と交易』(二〇〇八年)
栄原永遠男『奈良時代流通経済史の研究』塙書房、一九九二年
鈴木靖民「倭国と東アジア」(同編『日本の時代史2　倭国と東アジア』吉川弘文館、二〇〇二年)
須原祥二『古代地方制度形成過程の研究』(吉川弘文館、二〇一一年)
十川陽一「日本古代における五位以上官人の処遇と散位―奈良・平安初期を中心に―」(『山形大学大学院社会文化システム研究科紀要』一五、二〇一八年)

中村太一「日本古代の交易者」（『国立歴史民俗博物館研究報告』一一三、二〇〇四年）
長谷部将司『日本古代の地方出身氏族』（岩田書院、二〇〇四年）
山田英雄「散位の研究」（『日本古代史攷』岩波書店、一九八七年。初出一九六二年）
吉田一彦「官当の研究」（『ヒストリア』一一七、一九八八年）
同「日本律の運用と効力（一）・（二）・（三）」、（『名古屋市立女子短期大学研究紀要』四五・四八・五〇、一九九〇・一九九二・一九九三）
同「日本律の運用と効力（四）」（『名古屋私立大学人文社会科学部研究紀要』三、一九九七年）
渡辺晃宏『日本の歴史04　平城京と木簡の世紀』講談社、二〇〇一年

第四章

饗場宏・大津透「節禄について――「諸節禄法」の成立と意義――」（『史学雑誌』九八―六、一九八九年）
荒井秀規『古代の東国3　覚醒する〈関東〉平安時代』（吉川弘文館、二〇一七年）
大津透『道長と宮廷社会　日本の歴史06』（講談社学術文庫、二〇〇九年）
大津透・池田尚隆編『藤原道長事典　御堂関白記からみえる貴族社会』（思文閣出版、二〇一七年）
木下聡『中世武家官位の研究』（吉川弘文館、二〇一一年）
黒板伸夫『摂関時代史論集』（吉川弘文館、一九八〇年）
同『平安王朝の宮廷社会』（吉川弘文館、一九九五年）
小原嘉記「平安後期の任用国司号と在庁層」（『日本歴史』七三五、二〇〇九年）
坂上康俊『律令国家の転換と「日本」　日本の歴史05』（講談社学術文庫、二〇〇九年）
佐古愛己『平安貴族社会の秩序と昇進』（思文閣出版、二〇一二年）

鈴木琢郎『日本古代の大臣制』（塙書房、二〇一八年）
曽我良成「官務家成立の歴史的背景」（『史学雑誌』九二―三、一九八三年）
十川陽一「「平安初期の散位―『延喜式』における位置づけを中心として―」（『延喜式研究』二九、二〇一三年）
同「散位と無官」（『日本歴史』八〇九、二〇一五年）
同「律令官人制の展開と地方支配」（『歴史学研究』九三七、二〇一五年）
舘野和己「大伴氏と朱雀門」（『高岡市万葉歴史館紀要』一〇、二〇〇〇年）
玉井力『平安時代の貴族と天皇』（岩波書店、二〇〇〇年）
告井幸男『摂関期貴族社会の研究』（塙書房、二〇〇五年）
土橋誠「実名と通称名」（『日本歴史』八四六、二〇一八年）
西本昌弘『日本古代儀礼成立史の研究』（塙書房、一九九七年）
西山良平・鈴木久男編『古代の都3　恒久の都　平安京』（吉川弘文館、二〇一〇年）
橋本義彦「昇殿と殿上人」（『歴史と地理』二四九、一九七六年）
橋本義則『平安宮成立史の研究』（塙書房、一九九五年）
同「平安京の成立と官僚制の変質」（大津透・桜井英治・藤井譲治・吉田裕・李成市編『岩波講座　日本歴史4　古代4』岩波書店、二〇一五年）
福井俊彦「位階制について―米田雄介氏「正五位上と正四位上の越階について」を読んで―」（『続日本紀研究』一五三・一五四、一九七一年）
吉川真司「院宮王臣家」（同編『日本の時代史5　平安京』（吉川弘文館、二〇〇二年）

あとがき

　とある通史の本に関わっていた時のこと。編集会議の場で「この本でまだ誰も江戸幕府の終りを書いていない。これじゃあ江戸時代が終らない」という話題になったことがあった。その後その本には、江戸幕府の廃絶についての一文が追加されたのだが、古代史を叙述する際に政体の終りを書くことはまずないので、意表をつかれた思いがした。

　時代を区切る上で、政治的中心が滅亡すれば、必然的に時代の終わりが見えやすい。しかし古代の場合、日本の古代国家は滅んではいないため、古代と中世の境目をいつと考えるのか、論者によってずれが生じることとなってしまう。ただし時代をいかに区切ろうとも、前後の時代の連続性が失われるわけではない。古代という終わりのはっきりしない時代を日本史の中で位置づけるにあたっては特に、どの時代とも接続できる論点は重要な意味を持つだろう。そうした論点の一つが、本書で扱った官人制である。

　少し大仰になったが、複雑でとっつきにくいと思われがちな古代の官人制について、現在まで蓄積されてきた古代史研究の成果も踏まえて基礎的な理解を整理しておきたかったというのが、本書執筆の率直な動機である。当初考えていたよりも長い時代を扱うことになって、筆者には荷の勝ちすぎる内容かと躊躇もあったが、隗より始めよ、の言葉もある。小著が少しでも古代史や官人制への理解普及に寄与するところがあれば幸いである。

ここで、すこし凡例めいたことを記しておきたい。引用した主な史料のうち、『日本書紀』は日本古典文学大系、『続日本紀』、『万葉集』は新日本古典文学大系、律令は日本思想大系（いずれも岩波書店）の読み下し文をベースとして読みやすくなるように手を加えた。また古文書については、奈良時代の正倉院文書は『大日本古文書（編年文書）』、東大寺東南院文書は『大日本古文書（東大寺文書）』（東京大学出版会）、平安時代の文書はいずれも『平安遺文』（東京堂）に拠った。その他の史料についても、逐一典拠は記さないが、統一的な方針で読み下しや現代語訳とした。また、和歌やもともと旧仮名遣いで書かれているものを除いて、旧仮名遣いは用いなかった。本文中での先行研究の引用を最低限にとどめたこととあわせ、ご海容いただきたい。

最後に、月並みながら謝辞をもって筆を擱くことを許されたい。前著『天皇側近たちの奈良時代』（吉川弘文館、二〇一七年）に関心を持っていただき、ちくま新書への執筆をお勧めいただいた編集部の橋本陽介さん。この本と関わる筆者の講義で質問や感想を寄せてくれた、慶應義塾大学、山形大学の学生の皆さん。学問の世界や、それと関わってお世話になったすべての方。そして私事ながら、育児で大変な中、草稿の感想を聴かせてもらった妻をはじめとする家族に、心からの感謝を申し上げる。また本書は、科研費（若手研究B）17K13523の成果の一部である。

二〇二〇年三月　　　十川陽一

ちくま新書
1497

人事《じんじ》の古代史《こだいし》
――律令官人制《りつりょうかんじんせい》からみた古代日本《こだいにほん》

二〇二〇年六月一〇日　第一刷発行

著者　十川陽一（そがわ・よういち）

発行者　喜入冬子

発行所　株式会社筑摩書房
東京都台東区蔵前二―五―三　郵便番号一一一―八七五五
電話番号〇三―五六八七―二六〇一（代表）

装幀者　間村俊一

印刷・製本　株式会社精興社

ISBN978-4-480-07311-2 C0221

ちくま新書

1300
古代史講義
――邪馬台国から平安時代まで
佐藤信編
古代史研究の最新成果と動向を一般読者にわかりやすく伝えるべく15人の専門家の知を結集。列島史の全体像が1冊でつかめる最良の入門書。参考文献ガイドも充実。

1391
古代史講義【戦乱篇】
佐藤信編
日本の古代を大きく動かした15の戦い・政争を最新研究に基づき正確に叙述。通時的に歴史展開を見通すとともに、時代背景となる古代社会のあり方を明らかにする。

1480
古代史講義【宮都篇】
佐藤信編
飛鳥の宮から平城京・平安京などの都、太宰府、平泉まで古代の代表的宮都を紹介。最新の発掘・調査成果をもとに都市の実像を明らかにし、古代史像の刷新を図る。

1207
古墳の古代史
――東アジアのなかの日本
森下章司
社会変化の「渦」の中から支配者が出現した、古墳時代の中国・朝鮮・倭。一体何が起こったのか。日本と他地域の共通点と、明白な違いとは。最新考古学から考える。

1247
建築から見た日本古代史
武澤秀一
飛鳥寺、四天王寺、伊勢神宮などの古代建築群を手がかりに日本誕生に至る古代史を一望する。仏教公伝、皇祖神創造、生前退位は如何に三次元的に表現されたのか？

1369
武士の起源を解きあかす
――混血する古代、創発される中世
桃崎有一郎
武士はどこでどうやって誕生したのか。日本を長期間統治した彼らのはじまりは「諸説ある」として不明とされていた。古代と中世をまたぎ、日本史最大級の謎に挑む。

859
倭人伝を読みなおす
森浩一
開けた都市、文字の使用、大陸の情勢に機敏に反応する外交。――古代史の一級資料「倭人伝」を正確に読みとき、当時の活気あふれる倭の姿を浮き彫りにする。